JN071219

ウォークラリー巡検

生徒主体の巡検学習

今井 英文

古今書院

はしがき

　2000 年の 6 月頃だったと思う。筆者は地理 A を履修していた高校生を対象にして、はじめて巡検学習を行った。教室で簡単な注意事項を説明した上で生徒とともに校外に赴き、1 単位時間で高校周辺の自然・社会について説明した。ふだんの授業では真面目で明るい生徒ばかりなので、巡検もうまくいくと思っていた。ところが、いざ校外に出てみると、学校の敷地を出た開放感からか私語をやめない生徒が少なくなかった。もちろん注意をしたが、あまり効き目はなかった。さらに、旭川のボートに乗っている観光客に手をふる生徒までいて、はじめての巡検は十分な目的を果たせないまま終わった。

　学校に帰る途中、ある生徒が筆者に声をかけてくれた。「先生、校外で行う授業ははじめてだったので、とても楽しかったです。でも、先生が説明するよりはクイズ形式にしたらもっと面白かったと思います」。この生徒の意見は筆者の心に強く残った。

　授業を終えて職員室に戻ってみると、たくさんの先生方が忙しく働いておられた。まだ教員の長時間労働が社会問題化する以前のことである。実践校は開校 2 年目だったため、学校の運営を軌道にのせるための業務が山積していたと思われる。このような状況から、準備、実施、評価に時間のかかる巡検学習を社会科（地歴・公民科）の先生方に推奨するのは気がひけた。しかし、巡検学習が地理を学ぶ上で重要な学習方法であることはいくら強調してもしすぎることはない。

　そこで考え着いたのが、「ウォークラリー巡検」であった。ウォークラリー巡検とは、生徒がワークシートを持って自由に校外に赴き、1 単位時間程度で設問を解き、学校周辺の地理的特色について考察するものである。準備、実施、評価が比較的容易で、これならば社会科のどの先生でも実施できるのではない

かと考えたのである。

　このような経緯で、筆者は毎年ウォークラリー巡検を行ってきた。本書はその成果についてまとめたものである。第1章は、巡検学習の先行研究を紹介した上で、巡検学習を阻む要因と解決方法、学習指導要領と巡検学習との関連について分析する。第2章から第5章までは、本書の中心的な部分であり、実践したウォークラリー巡検のうち特徴的なもの（高層マンションの立地、中心商店街、官公庁・企業本社の立地、防災）をとりあげ、ウォークラリー巡検の実施方法について具体的に述べ、考察する。第6章では、これまで研究が少ない巡検学習の評価論について考察する。補章では、全国地理教育学会における巡検学習論の展開と課題について明らかにする。

　本書の最大の意義は、ウォークラリー巡検という地理学習における新しい巡検学習方式を、わが国で初めて提唱し、その実践的研究を行ったところにある。また、巡検学習の評価論はウォークラリー巡検とならんで、本書のもう1つの研究意義をなすものである。

　本書の出版をご快諾いただいた古今書院の橋本寿資社長、並びに、編集の労をお取りいただいた原　光一氏に深く御礼申し上げます。

　本書が巡検学習の活性化に少しでも役立つならば、筆者としてこれ以上の喜びはない。

2022年10月

今井英文

目　次

はしがき ———————————————————————— i

第1章　巡検学習とウォークラリー巡検 ————————— 1

　1. ウォークラリー巡検の提唱　1

　　（1）巡検学習の先行研究　1

　　（2）巡検学習の意義　3

　　（3）巡検学習を阻む要因　4

　　（4）ワンポイント巡検　5

　　（5）ウォークラリー巡検の提唱と意義　6

　2. 学習指導要領におけるフィールドワーク学習、巡検学習　7

　　（1）はじめに　7

　　（2）高等学校学習指導要領にみるフィールドワークの変遷　7

　　（3）中学校学習指導要領にみるフィールドワークの変遷　10

　3. おわりに　12

第2章　高層マンションの立地に着目した
　　　　ウォークラリー巡検 ————————————— 16

　1. 地域の概要と巡検地域　16

　　（1）巡検学習実践校　16

　　（2）岡山市の中心市街地　17

　　（3）巡検地域　19

　2. ウォークラリー巡検の実践　20

　3. 事前の教材研究と見学スポットの設定　21

4. ウォークラリー巡検の実施　23

5. 生徒の反応　27

　(1) 見学スポットに関する設問の正答率　27

　(2) 生徒がとらえた地域の特徴　28

　(3) 生徒がとらえた地域の問題点　30

6. おわりに　31

第3章　中心商店街におけるウォークラリー巡検 ——————— 34

1. はじめに　34

2. 事前の教材研究と見学スポットの設定　34

3. ウォークラリー巡検の実施　37

4. 生徒の予備知識と実施後の反応　40

　(1) 表町商店街に関する生徒の予備知識　40

　(2) 生徒がとらえた表町商店街の特色　41

5. おわりに　43

第4章　官公庁・企業本社の立地に着目した
　　　　　ウォークラリー巡検 ——————————————— 46

1. はじめに　46

2. 事前の教材研究と見学スポットの設定　46

3. ウォークラリー巡検の実施　50

4. ウォークラリー巡検に対する生徒の反応　53

　(1) ワークシートの設問の解答状況　53

　(2) 生徒がとらえた地域の特色　53

　(3) 巡検学習に対する生徒の感想　57

5. おわりに　58

第5章　防災に着目したウォークラリー巡検 ——————— 61

1. はじめに　61

2. 事前の教材研究と見学スポットの設定　61

3. ウォークラリー巡検の実施　65

4. ウォークラリー巡検に対する生徒の反応　68

（1）ワークシートの設問の解答状況　68

（2）生徒がとらえた防災の特色　70

（3）ウォークラリー巡検に対する感想　72

5. おわりに　73

第6章　巡検学習の評価論 ——————————————— 76

1. はじめに　76

2. 評価の観点、評価規準　76

3. 評価の実際　77

（1）評価方法　77

（2）正答率、得点　78

（3）総合評価　82

4. 先行研究との比較－松岡実践との比較－　83

（1）評価方法に関する比較　83

（2）評価結果に関する比較　84

5. 学習指導要領への対応　86

6. おわりに　87

補　章　全国地理教育学会における巡検学習論の展開と課題 —— 89

1. はじめに　89

2. 全国地理教育学会における巡検学習論研究の展開　90

（1）学会誌『地理教育研究』刊行　90

（2）単行本出版　90

（3）全国地理教育学会例会・大会における報告　91

（4）3つの学会誌における論考の比較　91

3. 全国地理教育学会における巡検学習論の研究内容と成果　92

　　(1) 概念　92

　　(2) 巡検の形態　93

　　(3) その他　93

4. 巡検学習の活性化に向けて　94

　　(1) 巡検学習の価値を再確認すること　94

　　(2) 全地教の地理教育基礎巡検を活性化すること　95

　　(3) ワンポイント巡検のデータバンクを周知させて充実させること　95

　　(4) 学習指導要領への提言を行うこと　95

5. おわりに　96

参考資料　『地理教育研究』掲載の巡検学習に関する論考 ——————— 98

あとがき ————————————————————————— 101

第1章

巡検学習とウォークラリー巡検

1. ウォークラリー巡検の提唱

(1) 巡検学習の先行研究

　フィールドワークとは、野外で行われる学習をまとめたものである（図
1-1）[1]。その学習方法としては、観察、見学、計測、聞き取り、アンケート
がある。観察とは物事の状態や変化を客観的に注意深く見ること、見学とは

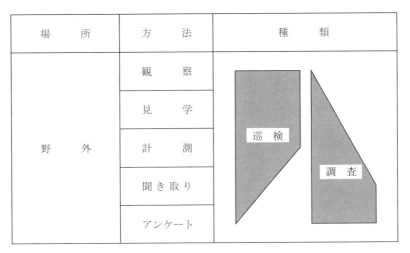

場　　所	方　　法	種　　類
野　　外	観　　察	巡検 / 調査
	見　　学	
	計　　測	
	聞き取り	
	アンケート	

図 1-1　フィールドワークの概念図
（地理教育巡検研究委員会での討議を参考に作成）

実際のありさまを見て知識を広めること、計測とは数・量・重さ・長さなどを測ること、聞き取りとは詳しく人の話を聞くこと、アンケートは多くの人に質問を出して回答を求めることを意味する[2]。それらの比重から、フィールドワーク学習は、巡検学習と調査にわけられる。巡検学習は、観察的方法が中心で、色々な場所を巡ってその地域的特色を検討する活動のことをさす。一方、調査は、聞き取りやアンケートといった方法が中心で物事を調べることである[3]。

　巡検学習に関するこれまでの単行本をみると、古いものとしては、班目文雄編『郷土学習と野外観察』（実教出版、1960 年）がある。この本では、郷土学習について論じたあとで、野外観察の意義や指導方法が説明されている。そして、都心の商店街をはじめ、具体的に 15 の実践事例が報告されている。これらは今日の巡検学習でも通用するものもあるが、いずれも教師引率型で、所要時間は数時間を要するものである。篠原重則『地理野外調査のすすめ－小・中・高・大学の実践をとおして－』（古今書院、2001 年）では、地理教育と野外調査について述べ、小学校・中学校・高校・大学で実施した巡検学習が報告されている。篠原の実践では、長時間の徒歩による巡検のほか、バスを利用した休日巡検に特徴がある。また、松岡路秀ほか編『巡検学習・フィールドワーク学習の理論と実践－地理教育におけるワンポイント巡検のすすめ』（古今書院、2012 年）では、中学校、高校、大学における数多くの実践事例が収録されており、特に巡検学習活性化の切り札として「ワンポイント巡検」が提唱されている点が注目される。大学における巡検学習としては、伊藤徹哉ほか『地理を学ぼう　地理エクスカーション』（朝倉書店、2015）、中牧崇『大学・地理教育巡検の創造』（古今書院、2018 年）などがある。

　このように、巡検学習活性化のために多くの単行本が執筆されたにもかかわらず、いまだに巡検学習が十分に展開されているとは言い難い。そこで、巡検学習にはそもそもどのような意義があるのか、その現代的意義を考えてみることにしたい。

（2）巡検学習の意義

　巡検学習の重要性として、松岡（2012）は次の 5 点を指摘している。①巡検学習では、自然的、社会的、歴史的諸事象を直接的に観察し、体験することができること、②野外には自然的、社会的、歴史的諸事象が総合的に存在しており、総合的・関連的思考力を養う機会になること、③生徒の目の前に広がる景観や事象を観察させることで、社会や地域に対して好奇心・探究心をもたせることができること、④巡検では通常地形図を持って歩くため、読図力を養うことができること、⑤巡検における資料の収集や整理、地図化を通して、資料活用能力の育成を図ることができることである。

　しかし、デジタル化が急速に進んだ今日、松岡の指摘に加えて、巡検学習には新たな教育的意義があると考えられる。筆者は 2000 年度から 2018 年度にかけて、岡山市立岡山後楽館高等学校（以後、同校とする）で地理 A を担当してきた。同校は 1 単位時間が 100 分で、中程に 10 分間休憩をとることになっていた。同校に着任した当時、休憩時間になると、生徒は同じクラスの友達と話をしたり、静かに読書をしたりして、様々な過ごし方をしていた。しかし、時間の経過とともに携帯電話での通話やメールへと変わり、退職直前にはスマートフォンへと変化していた。休憩時間なので自由な行動をとって構わないのだが、ほとんどの生徒が声も出さずにスマートフォンを操作しているのには驚いた。筆者はスマートフォンを否定するつもりはない。それによって、どこにいても通話やメールが可能になり、必要な情報の検索ができるようになった。買い物をすることもできるし、ゲームを楽しむこともできる。しかし、スマートフォンだけでは、現実の社会生活を送ることは難しいことを知っておく必要がある。防災を例に考えてみよう。スマートフォンを使えば、ハザードマップを呼び出すことができ、SNS 等で様々な避難行動に関する情報を入手できる。しかし、それだけでは十分とはいえない。強い地震が発生すれば、古い商店街ではガラスや看板、アーケードの破片が落下する危険性がある。大雨時、小さい用水路でもだいたいの深さや幅、柵の有無などを知っていれば、自分の身を守れることもある。また、水害時の避難の際には、マンフォー

ルの有無、地面の高低差や凸凹の把握も重要である。これらは、スマートフォンでは把握しにくく、巡検学習によって学ぶことができるのではないだろうか。バーチャルな空間を中心に生きている生徒達に、現実の自然や社会を知ることは非常に重要である。この点が巡検学習の現代的意義と考えられないだろうか。

(3) 巡検学習を阻む要因

　このように、フィールドワーク学習は、現代の生徒達にとって非常に重要なものであるが、近年の高校や中学校における実施状況は燦々たるものである。小林（2005）の報告によれば、日本大学地理学教室の卒業生が勤務している高校では、2004 年現在、フィールドワークがほとんど実施されていない。また、宮本（2009）によれば、宮城県内の中学校で地理の授業時間中にフィールドワークを行っている学校は全体の約 1 割にしかすぎない。

　それでは、フィールドワークを行う学校がなぜ少なくなってきたのか。篠原（2001）は、地理の選択科目化、学校行事や進学指導による教員や生徒の多忙化、フィールドワークの中核となった教員の転勤などをあげている。秋本（2003）は、調査活動は 50 分の授業時間内で実施できないこと、フィールドワークで得た知識が広がりを持たないことを述べている。また、小林（2005）は、教員の公務が多忙化していること、野外における調査は莫大な時間がかかるため、年間の授業時間数が不足することをあげている。宮本（2009）は、事前の準備や実施にかかわる時間の確保の困難さなど、時間のなさが圧倒的に多いことを指摘している。

　以上から、中学校・高校でフィールドワークが行われていない要因には色々あるが、その中心は学校現場の多忙化にあると考えられる。樋口（2018）によれば、文科省「教員勤務実態調査」（2016 年度）の結果からは、週 60 時間以上勤務する教諭の割合は、小学校で 33.5％、中学校で 57.6％に上り、特に中学校教諭の半数以上が週 60 時間以上の長時間勤務をしている。週 60 時間以上の長時間勤務は、残業時間で見れば月平均で 80 時間以上の時間外勤務に相当し、

これは「過労死ライン」を超える深刻な長時間労働に該当する。このような実態から、最近は部活動の民間委託が進展しつつある。そのようなことをふまえると、フィールドワーク学習を費用対効果を高めて実施することは意義あることではないだろうか。巡検学習はできるだけ短時間で容易に実施することが大切である。

(4)　ワンポイント巡検

　以上のような考えから、全国地理教育学会では、巡検学習活性化のための検討を重ね、「ワンポイント巡検」という考え方に到達した。その定義は、「1 単位時間程度で、学校周辺を、少数の事象に絞って行う地理教育巡検」である（松岡：2012）。近年、ワンポイント巡検はその長所が認められ、少しずつ行われるようになってきた[4]。

　筆者はいくつかのワンポイント巡検を総括的に考察した。その結果、次のようなことが明らかになった。

　ワンポイント巡検は、「1 単位時間程度」で行うことが大きな特色である。1 単位時間程度であれば、時間割の変更は必要なく、学校の年間スケジュール、授業時間数などに影響を与えることは少ない。移動は自然と徒歩になり、通学路を歩くことが多くなる。ただし、生徒の安全には十分留意しなければならない。1 単位時間程度で行う場合、歩く距離は約 1000m から約 1500m である。具体的には、井上（2012）が約 1000m、今井（2012）が約 1500m、松岡・中里（2012）が約 1500m、山内（2012）が約 1500m である。

　また、ワンポイント巡検では、内容を「少数に絞って」という点も重要である。井上（2012）は「通学路の歴史的事象」、今井（2012）は「岡山市都心部の特徴」、松岡・中里（2012）は「都市化の進展」、山内（2012）は「氾濫原の微地形と土地利用」というテーマで巡検を行っている。半日・1 日巡検では、その準備、実施、評価に莫大な時間がかかるが、内容を少数に絞ることで、巡検を短時間で実施できる。

　さらに、ワンポイント巡検では観察が中心であるが、工夫することで 1 単位

時間内に簡単な調査を行うこともできる。学校の近くにある商店街に行って、商店街の代表の方に 10 分程度話をしていただくだけでも、生徒は商店街の特色について直接学ぶことができる。

(5) ウォークラリー巡検の提唱と意義

　以上のように、ワンポイント巡検は、巡検学習活性化の切り札である。しかし、ワンポイント巡検は、1 単位時間で実施されるため、教師引率型になりやすい。教師引率型の巡検では、学校周辺の特色を生徒に詳しく説明できる反面、校外に出た開放感から私語をやめない生徒や、教師の説明を受け身で書き取るだけの生徒が存在する。また、1 単位時間といえども、学校周辺の自然や社会、歴史、環境問題などに関する下準備が必要で、他の授業の準備や校務分掌、部活などで多忙な教師にとっては大きな負担になる。

　これらの問題点を解消すべく筆者が考案したのが、ウォークラリー巡検である[5]。ウォークラリー巡検は、「ワンポイント巡検の一形態であり、生徒がワークシートを持って自由に校外に赴き、1 単位時間程度で設問を解き、学校周辺の地理的特色について考察する巡検である。」と定義される。ここでいうワークシートとは、地図（ルートマップ）と設問を載せたプリントのことである。また、「自由」とは見学地点で教師が説明するのではなく、生徒が自ら見学地点に赴き、自主的に設問を解くことである。

　この方法だと、授業の準備はルートマップと設問を作るだけなので、巡検のための膨大な資料を作成する必要はなく、他の教材研究の時間に影響を与えることは少ない。また巡検後に評価をする際も、適切な設問を準備すれば時間がかからない。また、クイズ形式なので生徒も楽しみながら能動的に巡検に取り組むことができる。

　以上からウォークラリー巡検は、教師の負担が少なく、生徒も主体的・能動的に活動できるため、その実践を推奨するものである。

2. 学習指導要領におけるフィールドワーク学習、巡検学習

(1) はじめに

　フィールドワーク学習は、地理教育における重要な学習課題であるにもかかわらず、高校や中学校ではほとんど実施されていない[6]。その主だった要因は、学校の多忙化にあるといわれる。しかし、学校現場では、学習指導要領に基づいて授業を計画するため、その前提として、学習指導要領におけるフィールドワークの記述について検討してみる必要がある。

　本節では、高校と中学校の学習指導要領におけるフィールドワークの記述の変化について考察する。なお、学習指導要領の様式を考慮して、昭和30年代以降のものを対象とする。

(2) 高等学校学習指導要領にみるフィールドワークの変遷

　表1-1は、学習指導要領の「目標」、「内容（大項目、中項目、ねらい）」、「内容の取扱い」における記述の有無から、高校におけるフィールドワークの重要度の変化について示したものである。表の中の○はフィールドワークに関する直接的な記述があるもの、△は間接的な記述があるもの、×は記述がないものを示す。また、各年次の学習指導要領における重要度は、やや主観的であるが、「目標」に○がある場合は2点、△がある場合は1点、「内容」と「内容の取扱い」に○がある場合は1点、△がある場合は0.5点、×の場合は0点とし、年次ごとにそれらを集計したものである[7]。この表から、次の3点を指摘できる。

　第1点は、昭和31年版「人文地理」でフィールドワークの重要度が最も高いことである。この年の学習指導要領には「目標」をはじめとして、「大項目」、「ねらい」、「内容の取扱い」においてフィールドワークに関する記述が見られ、重要度の得点は5点である。学習指導要領の「目標」には、「野外調査や旅行・見学などによって、具体的に諸事象にふれ、その中から進んで現代社会の諸問

表 1-1　高等学校学習指導要領におけるフィールドワークの重要度の変化

		昭和31年	昭和35年		昭和45年		昭和53年
		人文地理	地理A	地理B	地理A	地理B	地理
目標		○	○	○	○	○	×
内容	大項目	○	×	×	×	×	×
	中項目	×	×	×	○	○	○
	ねらい	○	×	×	—	—	—
内容の取扱い		○	○	○	○	○	○
重要度		5	3	3	4	4	2

		平成元年		平成11年		平成21年		平成30年	
		地理A	地理B	地理A	地理B	地理A	地理B	地理総合	地理探究
目標		×	×	×	×	×	×	△	△
内容	大項目	×	×	×	×	×	×	×	×
	中項目	×	○	×	×	○	○	○	×
	ねらい	△	△	△	—	—	—	○	×
内容の取扱い		○	○	△	○	○	○	○	△
重要度		1.5	2.5	1	1	2	2	4	1.5

（文部科学省のホームページから作成）

注）・○はフィールドワークに関する直接的な記述があるもの、△は間接的な記述があるもの、×は
　　その記述が全くないものをさす。
　・各年次における重要度の数値は、「目標」に○がある場合は2点、△がある場合は1点、「内容」
　　と「内容の取扱い」に○がある場合は1点、△がある場合は0.5点、×の場合は0点とし、年次ご
　　とにそれらを集計したものである。

題を発見し、これを地理的に探究していこうとする観察力・判断力・思考力を養う」と書かれている。このように、昭和31年版「人文地理」ではフィールドワークに関して詳細な記述が見られるが、これには昭和20年代の初期社会科が影響を与えているものと考えられる。

　第2点は、平成30年版「地理総合」でもフィールドワークの重要度が高いことである。この年の学習指導要領には「目標」においてフィールドワークに関する間接的な記述、「中項目」・「ねらい」・「内容の取扱い」には直接的な記述が見られ、重要度の得点は4点である。学習指導要領の「中項目」には「生活圏の調査」という用語が示され、「内容の取扱い」には「これまでの学習成果を活用しながら、生徒の特性や学校所在地の事情などを考慮して、地域調査を実施し、生徒が適切にその方法を身に付けるよう工夫すること。」とある。このように、「地理総合」でフィールドワークに関する詳細な記述が見られるのは、「地理総合」が必修科目であり、地理教育で重要とされてきたフィールドワークをすべての高校生に体験させることを意図したためと考えられる[8]。

　第3点は、平成11年版「地理A」と「地理B」で、重要度が1点と低いことである。「地理A」を例にあげると、「目標」や「大項目」、「中項目」にフィールドワークに関する記述はまったく見られず、「ねらい」と「内容の取扱い」に間接的な記述がある程度である。また、フィールドワークは「多様さを増す人間行動と現代世界」という項目との選択学習になっており、必修ではない。

　以上、高校を対象にして、学習指導要領におけるフィールドワークの重要度の変化について検討してきた。その結果、その重要度は、昭和31年版「人文地理」と平成30年版「地理総合」が高く、平成11年版「地理A」「地理B」が低くなっている。このことから、高校におけるフィールドワークの重要性は、時間とともにU字型に変化してきたといえる。

　フィールドワークに関する用語は、「大項目」・「中項目」だけに限定しても、「野外調査」（昭和31年人文地理、昭和45年地理A）、「地域の調査」（昭和45年地理B、昭和53年地理）、「地域の調査と研究」（平成元年地理B）、「生活圏の調査」（平成30年地理総合）など様々なものがある。

　学習指導要領では、これらの用語が明確に定義されておらず、第1章1.の記述にみられるように、巡検的なものと調査的なものが含まれている。筆者の経験では、50分の授業時間内で本格的な調査活動を行うことは不可能に近い。したがって、学習指導要領に、巡検学習（＝色々な場所を巡って地域的特徴を検討する活動）という用語や概念を導入し、それを明確に定義することが望まれる。

（3）中学校学習指導要領にみるフィールドワークの変遷

　表1-2は、学習指導要領の「目標」、「内容（大項目、中項目、ねらい）」、「内容の取扱い」における記述の有無から、中学校におけるフィールドワークの重要度の変化について示したものである。なお、表のなかの○・△・×のもつ意味や、重要度の算出方法は表1-1と同じである。この表から、次の4点を指摘できる。

　第1点は、昭和33年版学習指導要領で重要度が5点と高いことである。「目標」をはじめとして、「中項目」、「ねらい」、「内容の取扱い」においてフィールドワークに関する用語が明記されている。この年の学習指導要領をみると、「目標」には「野外観察や調査などを行い、地理的事象に直接触れ、まず、それを正しく観察したり考察したりする態度や能力を養う」と書かれている。また、「1　郷土」という大項目の最初に「野外観察と調査」という中項目が設けられていて、地理的分野の最初にフィールドワークを学習することがわかる。

　第2点は、平成20年版も、重要度が5点と高いことである。「目標」、「中項目」、「ねらい」、「内容の取扱い」においてフィールドワークに関する記述が見られる。「ねらい」を例にあげると、以下のように記述されている。「身近な地域における諸事象を取り上げ、観察や調査などの活動を行い、生徒が生活している土地に対する理解と関心を深めて地域の課題を見出し、地域社会の形成に参画しその発展に努力しようとする態度を養うとともに、市町村規模の地域の調査を行う際の視点や方法、地理的なまとめ方や発表の方法の基礎を身に付け

表 1-2　中学校学習指導要領地理的分野におけるフィールドワークの重要度の変化

		S 30	S 33	S 44	S 52	H 1	H 10	H 20	H 29
目標		○	○	×	×	○	○	○	△
内容	大項目	×	×	×	×	×	△	×	×
	中項目	○	○	○	○	○	×	○	○
	ねらい	○	○	○	○	○	○	○	○
内容の取扱い		－	○	○	△	△	○	○	○
重要度		4	5	3	1.5	3.5	4.5	5	4

（教育情報ナショナルセンターならびに文部科学省ホームページより作成）

注）・Sは昭和、Hは平成の略である。
　　・○はフィールドワークに関する直接的な記述があるもの、△は間接的な記述があるもの、
　　　×はその記述が全くないものをさす。
　　・各年次における重要度の数値は、「目標」に○がある場合は2点、△がある場合は1点、
　　　「内容」と「内容の取扱い」に○がある場合は1点、△がある場合は0.5点、×の場合は0点
　　　とし、年次ごとにそれらを集計したものである。

させる。」。このように、地域参画の視点から、平成 20 年版はフィールドワークの重要性が高いといえる。

　第 3 点は、昭和 52 年版で重要度が低いことである。「目標」や「大項目」、「中項目」にフィールドワークに関する記述がなく、「ねらい」と「内容の取扱い」に記述が見られるに過ぎない。重要度も 1.5 点と低い。しかし、この年次においても、フィールドワークをしなくてもよいと受け止められる記述は存在しない。「ねらい」では「身近な地域における諸事象を取り上げて、縮尺の大きな地図の読み方についても理解させながら観察や調査をさせ」という文言が見られ、必修となっている。

　第 4 点は、高校と比較して、中学校のほうがフィールドワークの重要度が高いことである。中学校学習指導要領では昭和 44 年と 52 年を除く 6 つの年次で「目標」に記述がみられるが、高校では昭和 31 年・35 年・45 年・平成 30 年版

にしか「目標」に記述が見られない[9]。また、重要度の平均点を求めると、中学校は 3.81 点、高校は 2.60 点となり、中学校の得点のほうが圧倒的に高くなっている。

　以上、中学校学習指導要領におけるフィールドワークの重要性について検討してきた。その結果、中学校学習指導要領におけるフィールドワークの重要度は、昭和 33 年と平成 20 年を頂上、昭和 52 年を底にした U 字型になっている。また、中学校は高校よりもフィールドワークの重要度が高いことも明らかになった。

　中学校学習指導要領では、フィールドワークに関する用語が時期によって異なる。中項目・小項目に限定すると、昭和 44 年以前は「野外観察と調査」という用語が見られるのに対し、平成元年以降は「地域調査」という言葉が使われている。なお、高校と同様、野外観察や地域調査という用語は明確に定義されていない。学習指導要領のなかで、それらの用語が明確に定義されることが望まれる。

3. おわりに

　以上、本章では高校と中学校を対象にして、学習指導要領におけるフィールドワークの記述の変化について考察してきた。その結果は次のように要約される。

　1）高校の学習指導要領におけるフィールドワークの重要度は、昭和 31 年「人文地理」と平成 30 年「地理総合」を頂点、平成 11 年を底にした U 字型になっている。一方、中学校学習指導要領では、昭和 33 年版と平成 20 年版を頂点、昭和 52 年を底とした U 字型になっている。また、高校と中学校でその重要度を比較すると、中学校で重要度が高い。

　2）学習指導要領には、フィールドワークに関する様々な用語が見られるが、それらは定義されていない。学習指導要領のなかで明確に定義されることが望まれる。また、学習指導要領に巡検という用語・概念を導入することが必要で

ある。

　このように近年の学習指導要領では高校・中学校ともフィールドワークの重要度が非常に高く、詳細な記述も見られ、フィールドワーク・巡検学習を実施する制度条件は整っている。あとは学校で実施するのみである。

付記
　本章は、今井英文「学習指導要領におけるフィールドワーク学習の扱いの変遷－高等学校と中学校の場合－」. 地理教育研究第 7 号（2010 年 10 月）を加筆修正したものである。

注
1) フィールドワークの概念は、全国地理教育学会・地理教育巡検研究委員会（松岡路秀委員長）での討論をもとに、筆者が作成したものである。
2) 小学館の国語辞典『大辞泉』による。
3) 具体的な名称としては、地域調査、野外調査、生活圏の調査などがある。
4) 詳しくは参考資料を参照いただきたい。
5) 師岡（1997）によれば、ウォークラリーとは、もともと 1975 年に渡辺佳洋がカー・ラリーをヒントに考えたスポーツである。4 人から 6 人でチームを作って、コース図にしたがって歩き、チェックポイントで課題に答えるものである。筆者が考えた巡検は、これに類似しているため、ウォークラリー巡検と名づけることにした。
6) ここでいうフィールドワーク学習とは、野外で行われる巡検や調査などの学習活動をまとめたものである。詳しいことは第 1 章 1. をご参照いただきたい。なお、以後、フィールドワーク学習を単にフィールドワークと呼ぶことにする。
7) 学習指導要領において、重要な学習テーマは、「目標」・「内容（大項目・中項目・ねらい）」、「内容の取扱い」のなかで繰り返し述べられるものと考えられる。特に、「目標」で語られる学習テーマは最も重要性が高いといえる。
8) 同じ年の「地理探究」では、フィールドワークの重要度が非常に低くなっている。その理由としては、「地理探究」は選択科目であり、地理教育で重要なフィールドワークは必修科目である「地理総合」に集約されていることがあげられる。

14

9) 高校地理については、学習指導要領の 1 つの年次に複数の科目が設定されている
   ことが多い。昭和 31 年から平成 30 年までの学習指導要領では 14 科目が存在する。
   そのうち、「目標」にフィールドワークの記述があるのは 7 科目（50%）である。

文献

秋本弘章（2003）：野外観察と調査．村山祐司編『21 世紀の地理－新しい地理教育－』
   朝倉書店、pp.117-122.

伊藤徹哉・鈴木重雄・立正大学地理学教室（2015）：『地理を学ぼう　地理エクスカー
   ション』朝倉書店、108p.

井上貴司（2012）：中学校地理におけるワンポイント巡検の実践－山陽女子中学校の
   周辺を事例として．松岡ほか編『巡検学習・フィールドワーク学習の理論と実
   践－地理教育におけるワンポイント巡検のすすめ－』古今書院、pp.90-97.

今井英文（2012）：高校地理におけるワンポイント巡検の実践－岡山市立岡山後楽館
   高等学校の事例－．松岡ほか編『巡検学習・フィールドワーク学習の理論と実
   践－地理教育におけるワンポイント巡検のすすめ－』古今書院、pp.98-106.

小林正人（2005）：「地理教員アンケート」にみる高等学校地理教育の現状と地理教
   育観の類型化．地理誌叢、46-2、pp.28-39.

篠原重則（2001）：『地理野外調査のすすめ－小・中・高・大学の実践をとおして－』
   古今書院、286p.

樋口修資（2018）：教員の多忙化解消に向けた学校の働き方改革．教職員の働き方改
   革推進プロジェクト編『学校をブラックから解放する－教員の長時間労働の解
   消とワーク・ライフ・バランスの実現』学事出版、pp.9-49.

班目文雄編（1960）：『郷土学習と野外観察』実教出版、208p.

中牧　崇（2018）：『大学・地理教育巡検の創造』古今書院、187p.

松岡ほか編（2012）：『巡検学習・フィールドワーク学習の理論と実践－地理教育に
   おけるワンポイント巡検のすすめ－』古今書院、279p.

松岡路秀（2012）：巡検等の学習の基礎的考察とワンポイント巡検の提唱．松岡ほか
   編『巡検学習・フィールドワーク学習の理論と実践－地理教育におけるワンポ
   イント巡検のすすめ－』古今書院、pp.2-8.

松岡路秀・中里裕昭（2012）：中学校「身近な地域」の学習におけるワンポイント巡

検の実践．松岡ほか編『巡検学習・フィールドワーク学習の理論と実践－地理
　教育におけるワンポイント巡検のすすめ－』古今書院、pp.72-79.

宮本静子（2009）：中学校社会科地理的分野の「身近な地域」に関する教員の意識、
　新地理、57-3、pp.1-13.

師岡文男（1997）：『校外活動ガイドブック②　オリエンテーリング・ウォークラリー』
　国土社、63p.

山内洋美（2012）：高校地理におけるワンポイント巡検の実践的考察．松岡ほか編『巡
　検学習・フィールドワーク学習の理論と実践－地理教育におけるワンポイント
　巡検のすすめ－』古今書院、pp.107-116.

第 2 章

高層マンションの立地に着目した
ウォークラリー巡検

1. 地域の概要と巡検地域

(1) 巡検学習実践校

　これまで筆者が巡検学習を実践してきたのは、岡山市立岡山後楽館高等学校である。同校には様々な特色があるが、本書と関係があるものは、次の4点である。

　第1点は、岡山市立の中高一貫校であることである。同校は前身である岡山市立岡山商業高等学校、同・岡山工業高等学校を発展的に統合して中学校を併設し、1999年4月に開校した。1学年の定員は160名であるが、80名が岡山後楽館中学校の卒業生、80名が他の中学校の卒業生から構成されている。筆者は2000年4月に非常勤講師として着任し、2019年3月に退職するまで、主に地理Aを担当してきた。

　第2点は、単位制総合学科の高校であることである。同校では、国語総合や現代社会といった普通科の高校で開講されている科目に加えて、ハングル、中国語、工業技術基礎、簿記など、様々な科目が開講されている。生徒はその中から履修する科目を決定し、担任教師の指導を受けながら自分で時間割を作成する。なお、地理Aは一貫して地歴科の教養科目として開講され、大学受験で地理を受験科目にしない生徒が履修している。

　第3点は、授業時間が1単位時間あたり100分で、校外学習を行いやすいことである。同校では校外学習のことを「シティーキャンパス」と称して推奨し

ており、日本史 A の授業で近接する博物館の展覧会を見学したり、生物の授業で植物の野外観察を行ったりしている。

　第 4 点は、2012 年 4 月に校舎が移転していることである。同校が開校した 1999 年 4 月から 2012 年 3 月までは、旧中国四国農政局庁舎（天神校舎）を暫定校舎として使用していた。しかし、教室（特に工業科・福祉科などの実習系）やグラウンドがしばしば不足し、廃校となった近隣の小学校や中学校の教室やグラウンドなどを使用していた。2012 年 4 月から使用開始となった校舎（南方校舎）は、これらの問題点を一挙に解決した。

(2)　岡山市の中心市街地

　岡山市は旭川・吉井川・高梁川の三大河川によって形成された岡山平野の中心地として発展してきた。安土桃山時代や江戸時代には、岡山城下町が整備され、政治経済や文化の中心地として栄えた。明治時代になると、1871（明治 4）年の廃藩置県によって県都となり、1889（明治 22）年に市制が施行された。当時の人口は 47,564 人、面積は約 5.77 km^2 に過ぎなかったが、その後周辺の市町村を合併して、2020 年の人口は 707,981 人、面積は 789.95 km^2 にまで拡大した [1]。岡山市は 2009 年に政令指定都市に移行し、北区、中区、東区、南区の 4 区が誕生した。筆者が巡検を行った地域は、すべて北区に含まれる。

　図 2-1 は、岡山市中心部の概観について示したものである。この図から、岡山市中心部は、交通の結節点であることがわかる。JR 岡山駅には、山陽新幹線、山陽本線、瀬戸大橋・宇野・伯備・津山・赤穂・吉備の各線が乗り入れている。また、岡山駅前からは岡山電気軌道の路面電車が走っている。道路については、国道 2・30・53・180 号線などが市内中心部に集中している。なお、岡山市中心部には岡山駅と天満屋の 2 か所にバスステーションがあり、岡山市やその近郊とを結ぶバス路線が運行されている。

　岡山市中心部には政治経済的な機能が集積している。国の出先機関としては、中国四国農政局 [2]、岡山地方裁判所、岡山地方法務局などが立地していて、岡

18

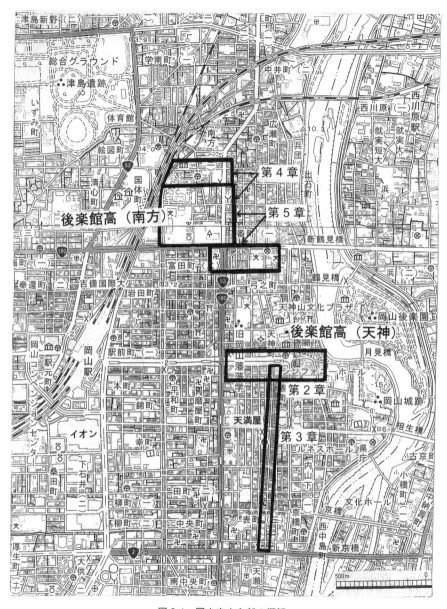

図 2-1　岡山市中心部の概観
(25000 分の 1 地形図 「岡山北部」「岡山南部」×約 1.22 倍)

山県内や中国四国地方を管轄するものも見られる。なお、岡山地方裁判所と岡山地方法務局は、第 4 章・第 5 章の巡検対象地域に含まれる。企業の出先機関については、市役所筋沿い（岡山駅から市役所までの約 1km の道路）に、大手企業の支店が集中している[3]。1988 年の瀬戸大橋開通によって岡山市の支店の業務活動が活性化することが期待されたが、管轄地域や販売地域が四国地方にまで拡大したケースは 10％以下であった（今井：1995）。商業の中心は、JR 岡山駅周辺（ショッピングモール、百貨店、地下街、商店街など）と表町周辺（百貨店、商店街、地下街など）である。表町の商店街は 8 つの商店街から構成されているが、これらはまとめて表町商店街とよばれている。表町商店街は、安土桃山時代から江戸時代にかけて形成された岡山城下の商人町を起源としており、その一部は旧山陽道に面している[4]。なお、表町商店街を対象にした巡検は、第 3 章で詳しく紹介する。最後に、2000 年頃から、岡山市中心部でも高層マンションが建設されるようになった。特に本章の巡検対象地域には、2007 年当時 4 件の高層マンションが集中していた。なお、居住者の属性については、香川（2005）に詳しい。

（3）巡検地域

　本書では、北区天神町周辺（第 2 章）、同・表町商店街（第 3 章）、同・南方地区（第 4 章・第 5 章）でウォークラリー巡検を行った。巡検地域の概要は次のとおりである。

　北区天神町は、2012 年まで同校の天神校舎が立地していたところである。ここは「岡山カルチャーゾーン」の一角で、現在も博物館や美術館、多目的ホールが立地している。2000 年頃から高層マンションが相次いで建設され、景観が一変した。江戸時代は岡山城二の丸に近接していて、城下町の重要な位置を占めていた。

　表町商店街は、同校の天神校舎から歩いて 5 分くらいのところにある。その歴史は古く、岡山城下町の造成が始まった 16 世紀後半にまで遡る。現在は、岡山市の中心商店街になっていて、岡山を代表する百貨店である天満屋本店も

その一角に立地している。表町商店街は8つの小さな商店街（上之町商店街、中之町商店街、下之町商店街、栄町商店街、紙屋町商店街、千日前商店街、西大寺町商店街、新西大寺町商店街）から構成されている。

　南方地区には、2012年から同校の南方校舎が立地している。この地区は岡山地方裁判所をはじめとして、法律関係の施設が集積している。また、岡山県総合福祉・ボランティア・NPO会館（通称「きらめきプラザ」）があり、岡山県の機関や福祉関連施設が入居している。このほか、銀行や企業の本社、古くからの民家も見られる。

2. ウォークラリー巡検の実践

　筆者は、2007年度、地理Aを担当し、年度初めに地図学習を5時間行った[5]。1時間目は、様々な地図の特色を考えさせる作業学習、2時間目は一般図と主題図に関する講義、3時間目は地形図の種類とルールに関する講義、4時間目は地形図の読図に関する作業学習、5時間目がウォークラリー巡検である（以後、特別な場合以外は単に巡検とする）。

　巡検では、それまでの学習の成果をふまえて、野外で地図を活用する力を身につけさせ、学校周辺の地域的特色や問題点について考えさせることを目標にした。テーマは「学校のまわりの建築物を知ろう！」である。対象地域は、同校が立地している岡山市北区天神町周辺である。この地域は、JR岡山駅から約1kmのところにあり、高層マンション、多目的ホール、美術館、ホテルなどが立地している岡山市の中心部である。

　巡検は、2007年5月下旬に実施し、同校で地理Aを履修した67名（4クラス）の生徒が参加した。以下、その授業実践について報告する。

3. 事前の教材研究と見学スポットの設定

　ウォークラリー巡検は「ワンポイント巡検の一形態であり、生徒がワークシートを持って自由に校外に赴き、1 単位時間程度で設問を解き、学校周辺の地理的特色について考察する巡検である。」と定義される（今井：2016）。したがって、実施する際には、地形図（2 万 5000 分の 1、5 万分の 1）よりも縮尺の大きい地図を使うことがのぞましい。そこで、筆者は、岡山市が発行している 2500 分の 1 地図（岡山市市域図）を使用することにした[6]。その理由は、①教育目的で使用する場合、手続きが必要ないこと、②主な建物や道路の名称しか記載されていないので、地図を見て自分がいる位置を把握する学習に適していることである。

　次に、巡検で歩く距離について検討した。同校の授業時間は 100 分であるため、前半 50 分で巡検を行い、後半 50 分を生徒がレポートを書く時間に使うことにした。山本ほか（2003）によれば、人間が普通に歩く時のスピードは時速約 4km、ウインドーショッピングでは時速約 1.5km である。ウォークラリー巡検は、比較的後者と似ているため、50 分の巡検で歩く距離を約 1.5km に設定した。

　そして、巡検の際に生徒に見学させる重要地点（以後、見学スポットとする）を決めるため、地図を持って校外に出かけた[7]。まず、同校のまわりでは、近年高層マンションが急激に増加しているので、高層マンション（4 か所）を選定した。その設問は、「②この建物の 2 階以上は何に使われていますか。」、「④ここには何が建っていますか。」、「⑥この建物は高層マンションです。15 階以上ありますか、それとも 15 階未満ですか。」（写真 2-1）、「⑨ここに現在何が建てられていますか。」である。また高層マンションの日陰になっている低層の建築物（1 か所）も見学スポットとして選定した。その設問は「⑦この通りに面している建物は、だいたい何階建てですか。」である。また、2007 年当時、岡山市の中心部では、壁や店舗のシャッターなどへの落書きが社会問題化していた。そこで、落書きされた店のシャッター（1 か所）を見学スポットとした。その設問は「⑧ここにある店のシャッターには、あるいたずらを消したあ

写真 2-1　高層マンション

とがあります。それは何ですか。」である。⑦と⑧は、この地域の社会問題に
関心を持たせようとしたものである。また、江戸時代、同校の敷地は岡山城二
の丸の近くであったことから、その案内板を見学スポットにした（写真 2-2）。
その設問は「⑩ここには看板が立っています。この看板を読むと、江戸時代に
このあたり（内山下校舎）が何であったかを知ることができます。それを答え
てください。」である。この設問は、この付近の歴史的背景の一端を気づかせ
ようとしたものである。なお、看板には「岡山城二の丸（西の丸）跡　丸の内
地区に見られる古い石垣は、1590（天正 18）年の宇喜多秀家の築城に始まり、
寛永年間前半（1630 年頃）の池田忠雄の城普請まで、四代の城主によって完
成をみた岡山城の城郭の跡です。この地は武家の郭から町人の城下町の三の曲

写真 2-2　岡山城二の丸の掲示板

輪へ、内堀を渡って通じる要衝をなしていました。この説明板の後の石垣は二の丸の北西部を固めた西の丸の北側にあたります。石垣の西側に重層の北西隅櫓を構え、東側に渡櫓門造りの北門を備えていました。　岡山市」と書かれている。なお、設問①、③、⑤は、歩いている位置を地図上で確認させるために見学スポットに加えたものである。

4.　ウォークラリー巡検の実施

　表 2-1 は、岡山市北区天神町周辺で行った巡検学習の学習指導案である。
　まず、教室で生徒にワークシート（図 2-2）を配り、巡検の目標を説明した。①巡検を通して野外で地図を活用する力を身につけること、②学校周辺の地域的特色や問題点を把握することの 2 点である。次に、巡検の留意点について触れた。①見学の時間は 50 分であること、②筆者は校外で見学スポットの説明はしないので、自分で見学スポットを回って設問に答えること、③見学スポッ

表2-1　ウォークラリー巡検に関する学習指導案（天神町周辺）

本時のテーマ	学校のまわりの建築物を知ろう！（岡山市北区天神町周辺）	
授業の目標	ウォークラリー巡検を通して、野外で地図を活用する力を身につけさせ、学校周辺の地域的特色や問題点について考えさせる。	
	学習内容と学習活動	指導上の留意点
導入	◎ガイダンス ・巡検の目標を聞く。 ・ワークシートを受け取り、その使い方を理解する。 ・巡検の注意事項を知る。	・授業の目標（上記）を理解させる。 ・ワークシートを配り、その使い方を理解させる。 ・見学する時間は50分であることを告げる。 ・校外で担当者が説明することはないので、生徒自身でワークシートの設問を解くように指示する。 ・見学する順番や仲間は自由であると話す。 ・貴重品は身につけるように指示する。
展開	◎ワークシートを持って、見学スポットを観察する。 《見学スポット》 　(a)高層マンション（4か所） 　(b)駐車場 　(c)交番 　(d)企業 　(e)低層の建築物 　(f)店のシャッターの落書き 　(g)岡山城二の丸の案内板	・生徒の安全を確保し、進度を確認するため、生徒が見学する様子を自転車で巡回する。 ・見学スポットでは、何も説明をしない。 ・見学が早く終わった生徒には、裏通りも見学するようにすすめる。 ・見学に時間がかかりそうな生徒には、ヒントを出すなどして支援を行う。
まとめ	◎ワークシートの設問のメモを清書する。 ◎学校周辺の特色と問題点を文章にまとめる。	・難しく考えないで、思いついたことから書くようにアドバイスする。

「地理A」課題（5）

地図をみて学校のまわりを歩いてみよう！

（1）歩きながら、次の問いに答えてみましょう。
　　①この土地は、いま何に使われていますか。次の中から選びなさい。
　　　　【ア　駐車場　　イ　ガソリンスタンド　　ウ　公園】
　　②この建物の2階以上は何に使われていますか。
　　③ここに建っている会社の名称を答えなさい。
　　④ここには何が建っていますか。
　　⑤このビルの1Fには何がありますか。
　　⑥この建物は高層マンションです。15階以上ありますか，それとも15階未満
　　　ですか。
　　⑦この通りに面している建物は、だいたい何階建てですか。
　　⑧ここにある店のシャッターには、あるいたずらを消したあとがあります。
　　　それは何ですか。
　　⑨ここには現在何が建てられていますか。
　　⑩ここには、看板が立っています。この看板を読むと、江戸時代にこのあたり（
　　　内山下校舎）が何であったかを知ることができます。それを答えてください。
（2）（1）をもとにして、高校のまわりがどのような性格をもった地域かを考えて
　　　みましょう。
（3）（1）をヒントにして、高校のまわりで起こっている問題点について考えて
　　　みましょう。

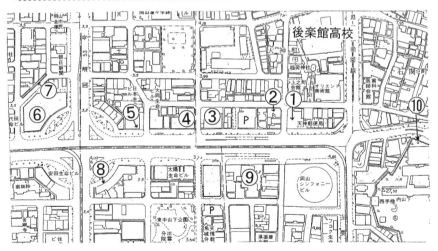

図2-2　ウォークラリー巡検のワークシート
注）この地図は、岡山市発行の岡山市市域図（2千5百分の1）を使用したものである。

「地理A」課題（5）　　【提出用】

学年		組		番号		名前		A

(1)	①	イ	②	マンション	③	不動産
	④	マンション	⑤	交番	⑥	15階以上
	⑦	3〜4階建て	⑧	落書き	⑨	マンション
	⑩	岡山城二の丸		すべて正解！		

(2)　　このあたりはマンションが多く見受けられました。そして、それを上回るほどのビルが沢山ありました。私のイメージでは、中心部には会社の高層ビルばかりで、マンションはないに等しいと思っていました。しかし、実際はその逆で驚きました。なぜこんなにマンションがあるのか疑問に思いました。

　　表の大通りには若干古い建物が残っていますが、ほとんどが華やかできれいな建物ばかりでした。しかし一つ裏に入ってみると、うす暗い雰囲気でした。表とのギャップに驚きました。

(3)　　まず、第一に思ったのは、壁やシャッターに書かれた落書きです。地図の⑧周辺は特に目立っていました。消したあとも残っていました。他には病院が近いことや、大通りがあることによる車の騒音です。授業中によく気になっていました。何回も通る救急車に、マフラーを改造したうるさい車。建設中のマンションの工事の騒音。校舎の中にいてさえ相当な音なんだから、民家の住民はかなり辛いのではないかと思いました。

　　そして最後に、やっぱり私達後楽館生の外でのマナーではないでしょうか。やはり、一般の人々に迷惑をかけて多少問題になっているのではないでしょうか。

　　今回、巡検に出かけて、町の違う一面を見ることができたように思います。とても楽しい時間をすごすことができました。

　　巡検を通して、学校周辺の特徴を意欲的に考察していることがわかります。裏通りにも目を向けた点や、後楽館生のマナーにまで言及した点が特によかったと思います。これからの授業も頑張ってください！　　　　　　　　　　*Very good*

図2-3　ワークシートに書かれた生徒の感想

注1）Aさんが書いた文章を筆者がワープロ打ちしている。
注2）ワークシートの斜字は、担当者（筆者）が付けたコメントである。

トはどこから回っても構わないこと、④友達と一緒に見学して、解答を話し合っ
てもよいことの 4 点も付け加えた。

　生徒が出発した後、筆者は生徒が歩いているところを自転車で見て回った。
生徒の安全を確保し、進度を確認するためである。友達と一緒に見学する生徒、
1 人で見学する生徒、見学スポットを順番に回る生徒、順番に関係なく回る生
徒など様々であったが、熱心に見学していた。

　実際に巡検を行ってみると、生徒によって見学するスピードにかなりの差が
あることがわかった。そこで、早く終わりそうな生徒については、表通りだけ
でなく裏通りも見学するようにすすめた。一方、スピードの遅い生徒について
は、ヒントを出すなどしてスピードが上がるように支援した。個人差はあった
が、すべての生徒が 50 分以内に教室に帰ってくることができた。教室に帰っ
てきた後は、学校周辺の地域的特色と問題点について文章にまとめさせた（図
2-3）。

5.　生徒の反応

（1）見学スポットに関する設問の正答率

　見学スポットに関する設問の正答率を見ると、ほとんどが90％から100％と、
非常に高かった。設問自体が、建物の名称や概観を確認するという易しい設
問だったと考えられるが、グループで見学した生徒が多かったため、わから
ないところを友達に聞くことができたこと、学校から近いため、普段から知っ
ていたことなども理由と考えられる。間違った解答としては、建設中のマン
ション（見学スポット⑨）をホテルと勘違いしたもの（5 名）、岡山城二の丸
にある案内板（見学スポット⑩）が見つけられず無解答だったもの（3 名）な
どがあった。

　建物の名称や概観を改めて現地において観察・確認し、その位置を地図上で
確認する作業は、普段何気なく通り過ぎているだけではなかなか出来ない。建

物や位置の確認は、巡検学習の基本中の基本ともいうべきものであって、設問自体は易しいものであっても、重要性を持つ学習内容といえる。ウォークラリー巡検では、このことが容易にできるのである。

(2) 生徒がとらえた地域の特徴

　表2-2は、巡検を通じて生徒がとらえた地域の特徴を、ワークシートの設問(2)「高校のまわりがどのような性格をもった地域か考えてみましょう。」に記された文章をもとに整理したものである。

　まず、「高層マンションが多い」という記述が圧倒的に多いことがわかる（履修者全体の約91.1%）。その理由としては、見学スポット10か所のうち、4か所が高層マンションに関するものであったこと、高層マンションは日頃通学時などに見かけていたことなどが考えられる。2番目に多かったのは、「岡山城や後楽園など史跡に恵まれている」（28.6%）であった。これらのことから、生徒たちはこの巡検を通じて、この地域の特徴として、高層マンションが多いこと、歴史的背景が豊かであることを確認できたように思われる。この他に、「表通りを一歩入ると昔ながらの店や家がある」（16.1%）、「表通りを一歩入ると雰囲気が異なる。」（7.1%）などの記述がみられ、表通りだけでなく裏通りの様子にも目を向けることができたように思われる。

　以上は見学スポットに関する内容であるが、見学スポットと関係がない内容を取り上げた生徒も少なからず存在した。「ビルが多い。」（25.0%）、「自動車の交通量が多い。」（19.6%）、「商店や飲食店が多い。」（17.9%）、「美術館や博物館が多い。」（14.3%）、「道路の脇に緑が多い。」（5.4%）などである。このように、生徒たちがいろいろな事象に眼を向けることができたのは、自由に歩き回るウォークラリー巡検だからこそではなかろうか。

表 2-2　ウォークラリー巡検で生徒がとらえた地域の特徴

地域の特徴	人数
○高層マンションが多い（増加している）。	51 名（91.1%）
○岡山城や後楽園など史跡に恵まれている。	16　（28.6）
★ビルが多い（マンションは除く）。	14　（25.0）
★自動車の交通量が多い。	11　（19.6）
★商店や飲食店が多い。	10　（17.9）
○交番がある。	10　（17.9）
○表通りを一歩入ると昔ながらの店や家がある。	9　（16.1）
★美術館や博物館が多い。	8　（14.3）
○会社が多い。	6　（10.7）
★人通りが多い。	6　（10.7）
★人がたくさん住んでいる。	5　（8.9）
★道路の幅が広い。	4　（7.1）
★商店街がある。	4　（7.1）
○表通りを一歩入ると雰囲気が異なる。	4　（7.1）
★郵便局がある。	4　（7.1）
○マンションの低層階は銀行や店舗になっている。	3　（5.4）
★道路の脇に緑が多い。	3　（5.4）
★ホテルがある。	3　（5.4）
★銀行がある。	3　（5.4）
○ガソリンスタンドがある。	3　（5.4）

（生徒の書いたレポートから作成）

注 ① 授業出席者の 3 名以上（5%以上）から指摘があった内容について示している。

　　② 表のなかの○はワークシートでヒントを出したもの、★はヒントをだしていないものをさす。

（3）生徒がとらえた地域の問題点

　表 2-3 は、巡検で生徒がとらえた地域の問題点についてワークシートに書かれたものを整理したものである。「高層マンションの裏側では日当たりが悪い。」（62.5%）、「マンションの建設で景観が悪化している。」（7.1%）など高層マンション建設に伴う問題点や、「店のシャッターなどに落書きが見られる。」（58.9%）、「道路や植え込みにゴミが捨ててある。」（17.9%）、「自転車が道路上に放置されている。」（8.9%）など、中心市街地におけるマナー上の問題点が記述されている。

　このように、本巡検を通じて生徒たちは、この地域に見られる様々な社会的

表 2-3　ウォークラリー巡検で生徒がとらえた地域の問題点

地域の問題点	人数	
○高層マンションの裏側で日当たりが悪い。	35 名	(62.5%)
○店のシャッターなどに落書きが見られる。	33	(58.9)
★道路や植込にゴミが捨ててある。	10	(17.9)
★自動車の騒音がうるさい。	9	(16.1)
★交通事故の危険性がある。	8	(14.3)
★自転車が道路上に放置されている。	5	(8.9)
○マンションの建設で景観が悪化している。	4	(7.1)
★排気ガスなどで空気が悪い。	4	(7.1)
○ビルの建設による騒音がうるさい。	3	(5.4)
★昔からの建物が老朽化している。	3	(5.4)

（生徒の書いたレポートから作成）

注①授業出席者の 3 名以上（5%以上）から指摘があった内容について示している。
　②表のなかの○は野外観察のプリントでヒントを出したもの、★はヒントをだしていないものをさす。

問題にも眼を向けたことが窺える。

6.　おわりに

　2007 年 5 月、高層マンションに着目して、岡山市北区天神町周辺でウォークラリー巡検を実施した。ワークシートの設問に対する正答率は非常に高かった。生徒たちは現地の事物・位置を地図上で確認することができた。また、生徒たちはこの地域の特徴や問題点に気付くことができた。見学スポット以外の内容に着目した生徒も少なからずいた。下記にワークシートに書かれた生徒（A さん）の文章を紹介しておく。

　「このあたりはマンションが多く見られました。そしてそれを上回るほどのビルが沢山ありました。私のイメージでは、中心部には会社の高層ビルばかりで、マンションはないに等しいと思っていました。しかし、実際はその逆で驚きました。なぜ、こんなにマンションがあるのか疑問に思いました。表の大通りにはほとんどが華やかできれいな建物ばかりでした。しかし、一つ裏に入ってみると、うす暗い雰囲気でした。表とのギャップに驚きました。
　問題点として、第 1 に思ったことは壁やシャッターに書かれた落書きです。地図の⑧周辺は特に目立っていました。消したあとも残っていました。車の騒音やマンション工事の騒音は、校舎の中にいてさえ相当な音なんだから、民家の住民はかなり辛いのではないかと思いました。そして、やっぱり私たち後楽館生の外でのマナーではないでしょうか。
　今回、巡検に出かけて、町の違う一面を見ることができたように思います。とても楽しい時間を過ごすことができました。」

　生徒の以上の文章から、マンションが意外に多いことがわかったこと、表通りと裏通りの雰囲気の違いに驚いたこと、この地域の問題点に気付いたこと、自分たちのマナーの問題点について意識したことなどを窺うことができる。こ

れらから、このウォークラリー巡検は、一定程度の成果があったと考えてよい
のではなかろうか。ただし、ウォークラリー巡検はとっかかりになっただけに
過ぎない。生徒の文中にあった「なぜこんなにマンションが多いのか」「表通
りと裏通りの違い」「地域の問題点」などを、今後の学習においてどのように
深めていけるかが、これからの課題になる。

付記

　本章は、今井英文「高等学校「地理 A」における野外観察の実践－野外実習活性
化にむけての一試論」. 地理教育研究、第 1 号（2008 年 3 月）を大幅に加筆修正した
ものである。

注

1）「市勢の概要」https://www.city.okayama.jp/shisei（2022 年 2 月 27 日検索）による。
2）現在は JR 岡山駅から南西約 500m のところに立地している。中国四国農政局庁舎
　は、同校開校以前にすでに現在地に移転していた。
3）ここでいう支店とは、企業の出先機関をまとめた言い方で、具体的な名称としては、
　支店、営業所、出張所などがある。
4）表町商店街にある石碑による。岡山市は歴史的に重要な地点に石碑を配置し、そ
　の特色について紹介している。
5）先述したように、同校の授業時間は 1 単位時間あたり 100 分である。
6）2022 年 9 月現在、岡山市は 2500 分の 1 地図（岡山市市域図）をホームページで
　公開している。
7）見学スポットの位置や設問については、図 2-2 をご参照いただきたい。

文献

今井英文（1995）：瀬戸大橋近傍の都市における支店オフィスの立地動向. 1995 年度
　人文地理学会大会研究発表要旨、pp.144‐145.
今井英文（2016）：高等学校におけるウォークラリー巡検の実践と評価. 山口幸男・
　山本實・横山満・山田喜一・寺尾隆雄・松岡路秀・佐藤浩樹・今井英文・中牧
　崇編『地理教育研究の新展開』古今書院、pp.102‐113.

香川貴志（2005）：岡山市の都心立地型超高層分譲マンションにみる居住者の諸属性と居住環境評価．日本都市学会年報、38、pp.130‐137.

山本正三ほか（2003）：『高校生の新地理 A』二宮書店、47p.

第3章
中心商店街におけるウォークラリー巡検

1. はじめに

　2008年度も地理Aでは年度初めに地図学習を行い、2007年度と同様に5月下旬に高層マンションに着目した巡検を行った。職員室に帰って生徒のレポートを読んでみると、「また巡検をやりたい。」、「地図は時々使わないと読み方を忘れる。」という意見が見られた。幸い、2008年度は高校のスケジュールに余裕があったため、夏休み明けに表町商店街で巡検を行うことにした。テーマは「表町商店街を知ろう！」である。このように5月下旬と9月上旬に巡検を2回実施した。

　表町商店街は同校から徒歩約5分のところに位置している。その歴史は古く、岡山城下町の造成が始まった16世紀後半にまで遡る。現在は、岡山市の中心商店街になっていて、岡山を代表する百貨店である天満屋本店もその一角に立地している。表町商店街は8つの小さな商店街（上之町商店街、中之町商店街、下之町商店街、栄町商店街、紙屋町商店街、千日前商店街、西大寺町商店街、新西大寺町商店街）から構成されている。

　巡検は2008年9月上旬に実施し、地理Aを履修した80名（5クラス）の生徒が参加した。

2. 事前の教材研究と見学スポットの設定

　表町商店街の特色を把握するため、筆者は2008年8月上旬に現地観察を行っ

「地理A」課題(10)(その1)

表 町 商 店 街 を 再 発 見 し よ う !

[Ⅰ] 表町商店街を歩くと、知っていることを解答欄に書いてみましょう。

[Ⅱ] 商店街を歩きながら、次の問いに答えてみましょう。なお、①から⑨までの項目は、地図中の①から⑨になっています。

①この店は何を売っていますか。

②この店は何を売っていますか。

③このあたりは、何を売っている店が多いですか。次の中から選びなさい。
【 野菜や果物　紳士服　婦人服　スポーツ用品　電化製品 】

④この店は何を売っていますか。

⑤このあたりは、何を売っているお店が多いですか。次の中から選びなさい。
【 野菜や果物　魚介類　時計・貴金属・メガネ　電化製品 】

⑥このあたりは、何を売っている店が多いですか。次の中から選びなさい。
【 野菜や果物　魚介類　時計・貴金属・メガネ　電化製品 】

⑦この店では何を売っていますか。

⑧この店では何を売っていますか。

⑨このあたりは建物がたっていません。何に利用されていますか。

※その他商店街を歩いて気づいたことをメモしてみましょう。

[Ⅲ] [Ⅱ] をヒントにして、表町商店街の特徴についてまとめてみましょう。

[MEMO]

図3-1　ウォークラリー巡検のワークシート

注) この地図は、岡山市発行の岡山市市域図 (2千5百分の1) を使用したものである。

た。その結果、表町商店街は全体として買回品（呉服、時計や貴金属、仏壇など）を販売している店が多いこと、放置自転車が多いこと、廃業した店舗や駐車場が多いエリアがあることが明らかになった。その結果をふまえて、見学スポットを決定した（図 3-1）。まず、上之町商店街には呉服店が多いので、そのうち 3 か所を見学スポットとして選定した。その設問は「①この店は何を売っていますか。」、「②この店は何を売っていますか。」、「③このあたりは、何を売っている店が多いですか。」である。次に、上之町商店街と中之町商店街（写真 3-1）を区別するために、中之町商店街の入口にある靴屋（1 か所）を見学スポットとして選定した。その設問は「④この店は何を売っていますか」である。下之町商店街は表町商店街の中心であり、時計・貴金属店が並んでいるため（1 か所）、これを見学スポットとした。その設問は、「⑥このあたりは、何を売る店が多いですか。」である。また、下之町商店街には放置自転車が多いため（1 か所）、見学スポットに加えた。設問は「⑤このあたりにはあるものが放置されています。それは何ですか。」である。この他、栄町商店街にある仏壇屋（1 か所）、紙屋町商店街にある眼鏡屋（1 か所）を見学スポットとした。設問は

写真 3-1　中之町商店街

写真 3-2　千日前商店街

それぞれ、「⑦この店では何を売っていますか。」、「⑧この店は何を売っていますか。」である。最後に、千日前商店街（写真 3-2）には閉店した店舗が多く、駐車場として利用されているところも多い。そこで、これも見学スポットにして、「⑨このあたりは建物がたっていません。何に利用していますか。」という設問をもうけた。

3.　ウォークラリー巡検の実施

　表 3-1 は、岡山市北区表町商店街で実施した巡検学習の学習指導案である。
　まず、教室内で生徒にレポート用紙を配り、表町商店街の予備知識を自由に書かせた。詳しいことは後で説明するが、「自転車で走行してはいけない」「ファーストフード店がある（多い）」といった意見が多く見られた。
　生徒が予備知識を書き終わったのを見て、ワークシート（図 3-1）を配り、巡検の目的を説明した。第 1 点は野外で地図を活用する能力を身につけること、

38

表 3-1　ウォークラリー巡検に関する学習指導案（表町商店街）

本時のテーマ	表町商店街を知ろう！（岡山市北区表町商店街）
授業の目標	野外で地図を活用する能力を身につけ、表町商店街の特色を発見する。

	学習内容と学習活動	指導上の留意点
導入	(1) 予備知識の確認 ・巡検に出かける前の段階で、表町商店街について知っていることを書く。 ・表町商店街の概要を知る。 (2) 巡検のガイダンス ・ワークシートを受け取る。 ・巡検の目標とワークシートの使い方を理解する。 ・巡検の注意事項を理解する。	・書いた内容は評価の対象にはしないので、気楽に書くようにアドバイスする。 ・表町商店街は8つの商店街から構成されていることを説明する。 ・見学する時間は50分であることを告げる。 ・校外で担当者が説明することはないので、生徒自身でワークシートの設問を解くように指示する。 ・見学する順番や仲間は自由であると話す。 ・店舗に入ってはいけないことを話す。 ・貴重品は身につけるように指示する。
展開	◎ワークシートを持って、見学スポットを観察する。 (a)呉服店（3か所） (b)靴屋 (c)放置自転車 (d)貴金属店 (e)仏壇屋 (f)眼鏡屋 (g)駐車場	・生徒の安全を確保し、進度を確認するため生徒が見学する様子を歩いて巡回する。 ・見学スポットでは、何も説明をしない。
まとめ	◎ワークシートのメモを清書する。 ◎学校周辺の特色と問題点を文章にまとめる。	・難しく考えないで、思いついたことから書くようにアドバイスする。

「地理Ａ」課題（14）（その3）

表町商店街を再発見しよう！

学年		組		番号		名前	B

I	・自転車で通ってよいのは午前9時まで。
	・前にペットショップで火事が起きた。
	・よく警察官がいる。
	・大体のものは、ここで買いそろえることができる。

II番の答、全部正解です！

II	①	呉服	②	服	③	婦人服
	④	靴	⑤	自転車	⑥	時計・貴金属・眼鏡
	⑦	仏壇・仏具	⑧	眼鏡	⑨	駐車場

III	普段通い慣れている道なのに、いざ「どこに何の店があるか？」と聞かれても答えることが出来ませんでした。
	改めてゆっくり歩いてみると、色んな店が並んでいて、思わず立ち寄りそうになってしまいました。
	朝学校に来る時、表町商店街を自転車で通ってくるのですが、ほとんどの店が開いておらず、ただ通り抜けていくだけでした。自分の足で歩いてお店を一軒ずつ見て回るのは、楽しかったです。表町にはなぜ「表町・栄町」と書いてあるんですか？普通に「表町二丁目」では駄目なのでしょうか？
	今回の巡検を通して、商店街の中で放置自転車や、自転車に乗ったまま移動する人を見て、非常に腹立たしく感じました。どんな理由でも自転車を置きっぱなしにするのはよくありません。高校生らしき人達が自転車に乗っていて、人とぶつかりそうになっているのを見て、老人や幼児に当たっていたら……と思いました。自転車のマナーがまだゆるいので、それを見直す必要があると思います。
	今回、表町商店街を歩いてみて、普段使っている道でも見所がたくさんあるということを知ることができました。
	通学時に通る商店街のあらたな一面を知ることができてよかったです。自分の考えをはっきり述べた点もよかったです。　　　　　　　　　　　　　　　　*Very good*

図 3-2　ワークシートに書かれた生徒の感想

注 1）Ｂさんが書いた文章を筆者がワープロ打ちしている。

注 2）ワークシートの斜字は、担当者（筆者）が付けたコメントである。

第2点は表町商店街の特色を発見することである。そして、巡検の留意点についても述べた。①巡検は50分であること、②筆者は見学スポットで説明することはしないので、自分で見学スポットを回って設問に答えること、③友達と一緒に見学して、解答を話しあってもよいこと、④表町商店街を構成している小さな商店街をすべて観察すること、⑤巡検中に店内には入ってはいけないこと、⑥貴重品は身に着けることの6点である。

　生徒が出発した後、筆者は生徒のようすを見て回った。生徒の安全を確保し、進度を確認するためである。表町商店街では9時から21時まで自転車での通行が禁止されているため、徒歩で商店街を巡回した。巡検のルートが一直線で往路・復路とも同じ道なので、巡回は徒歩でも十分であった。友達と一緒に見学する生徒、1人で見学する生徒など様々であったが、熱心に見学していた。この巡検では歩く距離が約2kmと少し長かったが、すべての生徒が50分以内に教室に帰ってくることができた。教室に帰ってきた生徒には、表町商店街の特色についてレポート用紙にまとめさせた（図3-2）。

4. 生徒の予備知識と実施後の反応

（1）表町商店街に関する生徒の予備知識

　表3-2は、生徒が書いた表町商店街の予備知識について示したものである。この表を見ると、生徒の予備知識は、日頃の学校生活と関係が深いことがわかる。「自転車に乗って通行してはいけない」という意見が30件（38.5％）と最も多いが、この背景には、自転車で通学する生徒が多いことと関係している。2008年度、同校生徒の約58％が自転車で通学している。また、「ファーストフード店が多い」（23名、29.5％）や「様々なジャンルの店がある」（22名、28.2％）という意見も多い。これは生徒が放課後にそれらの店に立ち寄るためと考えられる。また、「天満屋がある」（13名、16.7％）という意見も少なくないが、これは天満屋百貨店の1階にバスターミナルがあるほか、生徒の関心を

表 3-2　表町商店街に関する生徒の予備知識

生徒の予備知識	人数	
自転車に乗って通行してはいけない。	30 名	(38.5%)
ファーストフード店が多い（ある）。	23	(29.5)
さまざまなジャンルの店がある。	22	(28.2)
天満屋がある。	13	(16.7)
人が多い。	13	(16.7)
服屋が多い。	12	(15.4)
店が多い。	8	(10.3)
薬局がある。	7	(9.0)
行事の前には飾り付けがされる。	7	(9.0)
時計台がある。	7	(9.0)
お年寄りが多い。	6	(7.7)
自転車に乗って通行する人がいる。	6	(7.7)
本やがある。	6	(7.7)

（生徒の書いたレポートから作成）

注・授業出席者のうち、6 名以上から指摘があった内容について示している。

引く商品を販売する店舗が多数あるためといえる。

（2）生徒がとらえた表町商店街の特色

　表 3-3 は、ワークシートの記述をもとに、生徒がとらえた表町商店街の特色について示したものである。
　「上之町商店街には服屋が多い。」（15.4%）、「下之町商店街にはブランド品を販売する店が多い。」（26.9%）、「千日前商店街は店が少ない。」（9.0%）、「千

表 3-3　生徒がとらえた表町商店街の特色

表町商店街の特徴	人数
○服屋が多い。	29 名（37.2%）
○下之町商店街にはブランド品を販売する店が多い（ある）。	21　（26.9）
○同じ商品を売る店は近くに並んでいる。	17　（21.8）
★さまざまなジャンルの店がある。	16　（20.5）
★自転車に乗って通行している人がいた。	14　（18.0）
○下之町商店街には放置自転車が多い（ある）。	13　（16.7）
○千日前商店街には駐車場が多い（ある）。	13　（16.7）
○上之町商店街には服屋が多い。	12　（15.4）
○放置自転車が多い。	11　（14.1）
★千日前商店街では地面がアスファルトになっている。	11　（14.1）
○ブランド品を販売する店が多い（ある）。	8　（10.3）
★中高年のお客さんが多い。	8　（10.3）
★千日前商店街は店が少ない。	7　（9.0）
★千日前商店街は人通りがすくない。	7　（9.0）
★朝早いので開いている店が少ない。	6　（7.7）
★ファーストフード店が多い（ある）。	6　（7.7）
★日常生活に最低限必要なものが入手できる。	6　（7.7）
○表町商店街は複数の商店街から構成されている。	6　（7.7）
★休憩所がある。	6　（7.7）
★新しい店と古い店がある。	6　（7.7）
★飲食店が多い（ある）。	6　（7.7）

（生徒の書いたレポートから作成）

注 ① 授業出席者の 6 名以上から指摘があった内容について示している。
　 ② 表のなかの○はワークシートでヒントを出したもの、★はヒントをだしていないものをさす。

日前商店街は人通りが少ない。」（9.0％）など、各商店街の固有名詞名を使っ
た記述が見られた。これらの記述は、表町商店街といっても場所によって一様
ではなく、商店街内部の各商店街によって特色があることを生徒が明確に把握
したことを示している。例えば、巡検前の予備知識では、単に「服屋が多い。」
というだけであったが、巡検後では「上之町商店街には服屋が多い。」という
記述となった。これらをまとめた「表町商店街は複数の商店街から構成されて
いる。」（7.7％）という記述も見られた。また、「同じ商店を売る店は近くに並
んでいる」（21.8％）という商店の立地特性に気付いた生徒もいた。また、「千
日前商店街の地面がアスファルトになっている。」（14.1％）、「下之町商店街に
は放置自転車が多い。」（16.7％）、「千日前商店街には駐車場が多い（ある）。」
（16.7％）などのように、商店以外の面で、他の商店街とは異なる特色がある
ことに眼を向けた生徒が多かった。この場合も、予備調査では単に「放置自転
車が多い。」という記述であった。

　予備調査では、生徒たちは各商店街のそれぞれの特色についてはあまり眼が
向いていなかった。しかし、巡検学習を行うことによって、表町商店街内部の
地域的特性を今まで以上にとらえられるようになったといえよう。また、予備
調査では天満屋についての記述がかなりあったが、巡検後では天満屋に関する
記述はほとんどなかった。これは、天満屋を見学スポットとしなかったためと
考えられるが、天満屋は表町商店街の核となる店舗であることからすると、今
後見学スポットに加えるべきかもしれない。

　また見学スポットとは関係のない記述が多く見られたことも特徴である。生
徒たちが商店街に関わる様々なものに注意し、関心を抱いたことを示すもので
あろう。ウォークラリー巡検は見学スポットでの観察を中心とするものである
が、必ずしもそれだけに限定されるものでないことがわかる。

5. おわりに

　以上、表町商店街における巡検について報告した。2008年度、「地理A」で

44

は年度初めに地図学習を行い、そのおわりに1回目の巡検（高層マンションに着目した巡検）を実施した。その後は世界地誌に重点を置いた授業を展開したため、本巡検と内容の面で直接関連する単元はない。しかし、すでに述べたように、生徒は意欲的に行動し、この巡検は、5月下旬の巡検と比較して、地図を活用する能力も、地域の特色を把握する能力も向上している。特に見学スポットにない特色にたくさん気づいたことや、表町商店街を構成する小さい商店街の位置も明確に把握している。これらのことから、巡検を2回実施したことの意義が認められる。

最後に、ワークシート［Ⅲ］（図3-1）の「表町商店街の特徴についてまとめてみましょう。」に書かれたある生徒（Bさん）の文章を示しておく。

「普段通いなれている道なのに、いざ、どこに何の店があるか？と聞かれても答えることができませんでした。改めてゆっくり歩いてみると、色んな店が並んでいて、思わず立ち寄りそうになってしまいました。自分の足で歩いてお店を一軒ずつ見て回るのは、楽しかったです。表町には「表町・栄町」と書いてあるんですか？普通に「表町二丁目」では駄目なのでしょうか？

今回の巡検を通じて、商店街の中での放置自転車や、自転車に乗ったままで移動する人を見て、非常に腹立たしく感じました。高校生らしき人達が自転車に乗っていて、人とぶつかりそうになっているのを見て、老人や幼児に当たっていたら……と思いました。自転車のマナーがまだゆるいのでこれを見直す必要があります。

今回表町商店街を歩いてみて、普段通っている道でも見所がたくさんあるということを知ることができました。」

この生徒は、「表町・栄町」という表示に疑問をもった。今後、この疑問を探究していくと、表町商店街の特性がさらによくわかるかも知れない。また、自転車マナーに対して憤りを感じていた。ウォークラリー巡検による学習においては、このような社会的問題に気付くことも大切であると思われる。

付記

　本章は、今井英文「高等学校「地理 A」における野外観察の実践－岡山市表町商店街を事例に－」．地理教育研究、第 3 号（2009 年 3 月）を大幅に加筆修正したものである。

第 4 章

官公庁・企業本社の立地に着目した
ウォークラリー巡検

1. はじめに

　筆者は、2013 年度の初めに、地理 A で「身近な地域の調査」に関する授業を実施した。1 時間目は地図（一般図や主題図）の特色について考える作業学習、2 時間目は地形図のルールに関する講義、3 時間目は岡山市の地形図を読む作業学習、4 時間目は巡検学習、5 時間目は地形図を用いた岡山市の変貌に関する講義である。

　巡検では、同校周辺（岡山市北区南方地区）の自然的・社会的現象に関心を持たせ、地図を活用してそれらを観察し、地理的特色について考えさせ、理解させることを目標とした。テーマは「地図を持って学校周辺を探検しよう！」である。テーマに「探検しよう」という言葉を使ったのは、2012 年 4 月に校舎が南方地区に移転してからあまり時間が経過していなかったため、まだこの地域のことをよく知らない生徒が多いと考えたからである。巡検の対象地域である岡山市北区南方地区は、JR 岡山駅から北東に約 1 km のところにあり、官公庁を中心にして、企業の本社、住宅などが立地しているところである。

　巡検は 2013 年 5 月中旬に実施し、同校で地理 A を履修した 52 名（3 クラス）の生徒が参加した。本章ではその授業実践について報告する。

2. 事前の教材研究と見学スポットの設定

　教材研究のために 2500 分の 1 地図（岡山市市域図）を持って校外に赴き、見学ス

ポットについて検討した。見学スポットは大きく 5 つの地区にわけられる（図 4-1）。

　第 1 は裁判所とその関連施設である。ここには、岡山地方裁判所、広島高等裁判所岡山支部、岡山家庭裁判所、岡山弁護士会館、岡山地方法務局、法律事務所など裁判所関連施設が多く立地している。そこで、裁判所（設問⑤）、岡山弁護士会館（設問⑥）を見学スポットとした。設問⑤は「ここには広い面積をとって、ある役所が立地しています。それは何ですか。」、設問⑥は「ここには何が立地していますか。」である。

　第 2 は岡山県総合福祉・ボランティア・NPO 会館（以後、通称「きらめきプラザ」）である。このビルはもともと国立岡山病院であったが、病院が郊外に移転したため、その建物がリフォームされた。岡山県の機関や福祉関連施設が入居している。きらめきプラザの名称を生徒に周知させるとともに、きらめきプラザの標高と同校との標高差に気付かせるため、見学スポット（①）にした。その設問は「①ここは、「きらめきプラザ」1 階の標高を示したものです。後楽館高校のグラウンドとどのくらい標高の差がありますか。」である。

　第 3 は銀行（設問⑧）や企業（設問⑨）の本社が立地している場所で、その設問は「⑧ここにはある会社の本社があります。その企業名を答えなさい。」、「⑨ここにも会社の本社があります。何という会社ですか？」である。以上の第 1 から第 3 の地区の見学スポットは、この地域に官公庁や会社などの高層ビルが多数立地していることに気付かせるものである。

　第 4 は住宅が立地している地区である。同校周辺には高層ビルの他に、一戸建ての家やマンションも多数立地している。これに気付かせるために設問⑩を設定した（写真 4-1）。それは「⑩このあたりには住宅がたくさん建っています。その特徴を下の選択肢から選びなさい。」である。

　第 5 は同校およびその周辺である。同校の旧校舎（天神校舎）は旧中国四国農政局のビルをリフォームしたものであったため、非常に狭かった。新校舎（南方校舎）は裁判所やきらめきプラザよりも敷地が広く、その広さを実感させるため、同校の敷地を見学スポットにした（設問③）。設問③は「ここは、後楽館の敷地の長さを示したものです。約何 m ありますか。地図上のめもりを参考にして答えなさい。計算する必要はありません。」である。同校の周辺を見ると、

「地理A」課題（3）（その1）

地図をみて学校のまわりを歩いてみよう！

（1）地図を片手に歩きながら、次の問いに答えてみましょう。学校に帰ったあと
で清書する時間を取りますので、校外ではメモだけでOKです。
①ここは、「きらめきプラザ」1階の標高を示したものです。後楽館高校のグラ
ウンドとどのくらい標高の差がありますか。
②西川用水は、どの方角からどの方角に流れていますか。
③ここは、後楽館の敷地の長さを示したものです。約何mありますか。地図上の
めもりを参考にして答えなさい。計算する必要はありません。
④「国道53号線」と「主要地方道岡山吉井線」はどこで交差しますか。
⑤ここには広い面積をとって、ある役所が立地しています。それは何ですか。
⑥ここには何が立地していますか？
⑦この地図記号は何を示していますか。
⑧ここにはある会社の本社があります。その企業名を答えなさい。
⑨ここにもある会社の本社があります。何という会社ですか？
⑩このあたりには住宅がたくさん建っています。その特徴を次の選択肢から選び
なさい。
【ア）1戸だてのみ　イ）一戸建てとマンション　ウ）高層マンションのみ】
（2）（1）を参考にして、学校周辺はどのような性格を持った地域かを考えて
みましょう。学校に帰ったあとで論述する時間をとりますから、校外では
思いついたことをメモするだけでOKです。
（3）今回のシティーキャンパスの感想を述べてください。

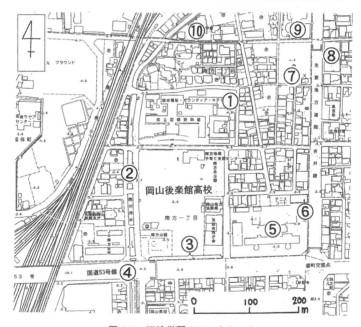

図 4-1　巡検学習のワークシート

注）この地図は、岡山市発行の岡山市市域図（2千5百分の1）を使用したものである。

写真 4-1　裏通りにある民家やマンション

すぐ西側に西川用水が流れ（設問②）、同校の南側に大通り（設問④）があり、それらを見学スポットとした（写真 4-2）。その設問は「②西川用水はどの方角からどの方角に流れていますか。」、「④「国道 53 号線」と「主要地方道岡山吉井線」はどこで交差しますか。」である。設問②は地域の自然的条件に気付かせるとともに、読図力に関わるものでもある。なお、設問⑦は、生徒が歩いている位置を確認できるように、住宅街近くの交番を見学スポットに加えたものである。

　見学スポットに関する以上の 10 の設問がワークシート大問(1)である。ワークシートにはこの他に、論述式の大問 (2) と大問 (3) がある。大問 (2) は、「(1) を参考にして、学校周辺はどのような特色を持った地域か考えてみましょう。学校に帰ったあとで論述する時間をとりますから、校外では思いついたことをメモするだけで OK です。」、大問 (3) は「今回のシティーキャンパスの感想を述べてください。」である。

　以上をもとに作成したのが図 4-1 のワークシートである。図の上部が設問であり、下部が 2500 分の 1 地図のルートマップである。生徒は下の地図の見学スポットを自分で探し、上部の設問を解きながら学校周辺を巡ることになる。

写真 4-2　高校周辺の大通り

3.　ウォークラリー巡検の実施

　表 4-1 は、岡山市北区南方地区で実施した巡検学習の学習指導案である。

　ガイダンスでは、まずワークシートの問題の解き方について説明した。ワークシート（図 4-1）には、①から⑩までの地点が入ったルートマップと、各地点に関する簡単な設問（計 10 個）、1 つの論述的設問、1 つの感想文設問が記されている。

　その後、生徒を個々に校外へ赴かせ、ワークシートの設問に留意させながら自由に観察等を行わせた。筆者は生徒の安全確保と進度確認のため、自転車で生徒のようすを見て回った。その際、ワークシートの問題を生徒自身で解くように指示しただけで、内容の説明は行わなかった。生徒によって多少時間に差はあったが、すべての生徒が 50 分以内に教室に戻ってくることができた。

　教室に帰ってきてからは、レポート用紙を配り、巡検中にメモした解答の清書（設問 1）、同校周辺の地理的特色についての論述（設問 2）、巡検についての感想（設問 3）を行わせた（図 4-2）。

表 4-1　ウォークラリー巡検に関する学習指導案（南方周辺）

本時のテーマ	地図を持って学校周辺を探検しよう！（岡山市北区南方周辺）
授業の目標	同校周辺の自然的・社会的現象に関心を持たせ、地図を活用してそれらを観察し、地理的特色について考えさせ、理解させる。

	学習内容と学習活動	指導上の留意点
導入	◎ガイダンス ・巡検の目標を聞く。 ・ワークシートを受け取り、その使い方を理解する。 ・巡検の注意事項を知る。	・授業の目標（上記）を理解させる。 ・ワークシートを配り、その使い方を理解させる。 ・見学する時間は50分であることを告げる。 ・校外で担当者が説明することはないので、生徒自身でワークシートの設問を解くように指示する。 ・見学する順番や仲間は自由であると話す。 ・貴重品は身につけるように指示する。
展開	◎ワークシートを持って、見学スポットを観察する。 《見学スポット》 (a) 土地の標高差 (b) 西川用水の流れる方向 (c) 高校の敷地の長さ (d) 交差点 (e) 裁判所 (f) 岡山弁護士会館 (g) 交番 (h) 企業の本社（2カ所） (i) マンションと住宅	・生徒の安全を確保し、進度を確認するため、生徒が見学する様子を自転車で巡回する。 ・見学スポットでは、何も説明をしない。 ・見学が早く終わった生徒には、裏通りも見学するようにすすめる。 ・見学に時間がかかりそうな生徒には、ヒントを出すなどして支援を行う。
まとめ	◎ワークシートの設問のメモを清書する。 ◎学校周辺の特色と問題点を文章にまとめる。	・難しく考えないで、思いついたことから書くようにアドバイスする。

「地理Ａ」課題（3）　　　【提出用】

学年		組		番号		名前	C

(1)	①	0.9m	○	②	北から南	○	③	100m	○
	④		×	⑤	裁判所	○	⑥	岡山弁護士会館	○
	⑦	交番	○	⑧	トマト銀行	○	⑨	ベネッセ	○
	⑩	イ	○						

(2)	内側の路地はせまく、自営業のお店が多くあり、昔ながらの雰囲気が感じられた。大通りは有名企業のビルがたち並び、まちの中心らしさを感じた。所々に空襲の跡が残っており、戦争の記憶を後世に伝えようとしていることが感じられた。人通りの多いところと少ないところで雰囲気も景色も全く違うなと思った。建物をよく見ると後楽館や県立記録資料館などは柱が多く、地震対策がされていると思われる。次に地形に注目してみるとゆるやかな坂がややあり、場所によって標高も様々だと思った。

(3)	今回「シティーキャンパス」として歩いてみて思ったことは、普段何気なく通っている道でも意外と知らないなと思った。大通りにベネッセがあったり、少し内側に入ってみるとまったく知らない景色が広がっていたり、とても新鮮だった。駅やビルにばかり目がいっていたが、路地や標高に注目してみると新たな発見が多くあった。季節が春なのもあり、花や木を見るのも楽しかった。キンモクセイの名前は知っていたが、どんな花かは知らなかったが、普段身近にある木がそのキンモクセイだということが分かってよかった。

［担当者コメント］

　たいへんよく書けていると思います。まちの中心であることに気づいた点、標高に着目した点がよかったと思います。キンモクセイについてもよく観察していたことが伝わってきました。これからもがんばってください。　　　　　　　　　*Very good*

図 4-2　ワークシートに書かれた生徒の感想

注 1）Ｃさんが書いた文章を筆者がワープロ打ちしている。
注 2）(1) の○は正解、×は不正解を示す。
注 3）ワークシートの斜字は、担当者（筆者）が付けたコメントである。

4. ウォークラリー巡検に対する生徒の反応

(1) ワークシートの設問の解答状況

　まず、ワークシートの設問の解答状況について考察する。この巡検では、見学スポットに関する設問を10題出題した。

　表4-2によれば、官公庁や企業本社に関する設問で正答率が高くなっている。最も正答率が高かったのが、「⑤ここには広い面積をとって、ある役所が立地しています。それは何ですか？」であった。採点してみると、参加した生徒全員が正答（裁判所）を解答用紙に記入していた。また、「⑨ここにはある会社の本社があります。その企業名を答えなさい（正答：ベネッセ）」（90.3％）、「⑧ここにはある会社の本社があります。その企業名を答えなさい（正答：トマト銀行）」（88.4％）も正答率が高かった。これらのビルは巡検地域の中で建物が高く、大きな道路に面しているため、答えやすかったものと考えられる。

　それに対して、「③ここは、後楽館の敷地の長さを示したものです。約何mありますか。」は、正答率が69.0％と非常に低かった。この問いは歩測するのではなく、野外で地図上のめもりを使っておよその長さをはかるのが目的である。正答は110mから150mまでと余裕を設けた。まちがっているものに着目すると、「50m」など目盛りの読み方が不十分だった生徒が8名、空欄の生徒が5名、標高と勘違いした生徒が1名であった。空欄の生徒は地図の目盛りを全く理解できておらず、地図活用の技能について指導が必要である。

(2) 生徒がとらえた地域の特色

　表4-3は、ワークシートの大問（2）「（1）を参考にして、学校周辺はどのような性格を持った地域か考えてみましょう。」をもとに、生徒がとらえた地域の特色について示したものである。この表から、次の5点を指摘できる。

　第1点は、官公庁と企業本社の立地に着目した生徒が多いことである。「裁

表4-2　ワークシートの設問（1）の正答状況

設問と正解	正解状況
① ここは「きらめきプラザ」1階の標高を示したものです。後楽館高校のグラウンドとどのくらい標高の差がありますか。（正解：0.9m）	40名（76.9%）
② 西川用水は、どの方向からどの方向に流れていますか。（正解：北から南）	45　（86.5）
③ ここは、後楽館の敷地の長さを示したものです。約何mありますか。　（正解：約150m）	36　（69.0）
④ 「国道53号線」と「主要地方道岡山吉井線」はどこで交差しますか。　（正解：番町交差点）	42　（80.7）
⑤ ここには広い面積をとってある役所が立地しています。それは何ですか。　（正解：裁判所）	52　（100.0）
⑥ ここには何が立地していますか。　（正解：岡山弁護士会館）	45　（86.5）
⑦ この地図記号は何を示していますか。　（正解：交番）	48　（92.3）
⑧ ここにはある会社の本社があります。その企業名を答えなさい。（正解：トマト銀行）	46　（88.4）
⑨ ここにもある会社の本社があります。何という会社ですか。（正解：ベネッセ）	47　（90.3）
⑩ このあたりには住宅がたくさん建っています。その特徴を選択肢から選びなさい。　（正解：一戸建てとマンション）	43　（82.6）

注）この巡検の出席者は52名である。

表 4-3　巡検で生徒が気づいた地域の特色

巡検で気づいた点	人数
○住宅（マンション、一戸建て）が多い。	37 名（71.1%）
○裁判所をはじめ法律関係の建物が多い。	31　（59.6）
○企業や銀行の本社がある。	21　（40.3）
○大きな道路がある。	16　（30.7）
○きらめきプラザの建物がある。	15　（28.8）
★この地域は都会（街）である。	**13　（25.0）**
★店（スーパー）がない。	11　（21.1）
★コンビニがある。	8　（15.3）
○交番がある。	8　（15.3）
★駐車場がある。	7　（13.4）
★交通量が多い。	7　（13.4）
○標高にちがいがある。	7　（13.4）
○用水路がある。	5　（9.6）
★高層ビルがある。	5　（9.6）
○標高にちがいはない。	5　（9.6）
★保育園がある。	5　（9.6）
★古い店がある。	4　（7.6）
★駅がある。	4　（7.6）

（参加者の 5%以上が指摘した項目を載せた）
○はワークシートでヒントを出したもの、★は生徒が独自に考えたものを示す。

判所をはじめ法律関係の建物が多い」という生徒が 31 名（59.6％）、「企業や銀行の本社がある」（21 名、40.3％）、「きらめきプラザの建物がある」（15 名、28.8％）となっている。その要因としては、これらを示す見学スポットが多かったことや（図 4-1 の①、⑤、⑥、⑧、⑨）、高層の建物が多いこと、敷地が広くて目につきやすかったためと考えられる。

　第 2 点は、中層・低層の住宅に注目した生徒が多かったことである。参加者の約 71.1％にあたる 37 名の生徒がこの点を指摘している。第 1 点で述べたように、この地域では高層建築物が目立っている。しかし、巡検の見学ルートには細い路地がかなり含まれており、中古の低層・中層の住宅が立地している。生徒のレポートによれば、この細い路地はふだん通らないところであり、そこにある住宅が新鮮に映ったものと考えられる。この巡検を実施したのが新校舎（南方校舎）に移転してあまり時間がたっていないため、生徒の行動範囲がまだあまり広がっていなかったことも一因といえる。

　第 3 点は、標高のとらえ方が、生徒によって異なることである。「標高にちがいがある」と答えた生徒が 7 名（13.4％）であるのに対し、「標高に違いがない」と答えた生徒が 5 名（9.6％）であった。このような回答のもとになったのは、ワークシートの設問①「ここは「きらめきプラザ」1 階の標高を示したものです。後楽館高校のグラウンドとどのくらい標高の差がありますか」（図 4-1）である。両施設の標高差は 0.9 m であるが、生徒がそれをどう解釈したかによる。地図上の数字を見るだけでなく、実際に標高の差をしっかり観察したかどうかも大きい。巡検地域はいずれも標高 10 m 以下で、岡山平野の一部である。しかし、水害時における 0.9 m の標高差は決して小さくない。

　第 4 点は、裁判所、住宅、コンビニなどの個別の建築物をあげた上で、巡検地域の地理的特性を総合的にまとめた記述が少なからず見られたことである。表 4-3 で太字で示しているが、「この地域は都会（街）である。」という回答をあげた生徒が 13 名（25.0％）見られた。また、数は少ないが「この地域は都会というより田舎である。」（1 名）、「この地域は都会のようで都会でない。」（1 名）という回答もあった。これらは読図や観察によって思考力を身につけたといえ、巡検学習の成果が得られたよいケースといえる。

　第5点は、見学スポットに着目した生徒が多いことである。「住宅（マンション、一戸建てが多い」と回答した生徒が37名（71.1%）で、以下「裁判所をはじめ法律関係の建物が多い」（31名、59.6%）、「銀行や会社の本社がある」（21名、40.3%）となっている。

　上位15位までに含まれる回答を見ると、そのうち9件までが見学スポットに関連したもので、生徒が独自に発見したもの（6件）を上回っている。これを、旧校舎（天神校舎）周辺で行った巡検（第2章第2節）と比べると、そのちがいが明確になる。旧校舎周辺で行った巡検では、上位15位までのうち、生徒が独自に発見したものが9件で、見学スポットに関連したもの（6件）よりも多くなっている。以上から、生徒がよく知らない地域でウォークラリー巡検を行う場合は、見学スポットの重要性が高いといえる。

（3）巡検学習に対する生徒の感想

　表4-4は、巡検に対する生徒の感想を示したものである。この表を見ると、巡検学習が楽しかったという意見が多いことがわかる。「楽しかった（新しい発見があったから）」という回答が14件（26.9%）、「楽しかった（特に理由を述べていない）」という回答も11件（21.1%）で、これらを合計すると参加者の約半数になる。「また巡検に行きたい」という回答（8件：15.3%）もそれらと同様である。

　また、巡検を通して生徒が得たものも大きかったようである。「新しい発見がたくさんあった」と回答した生徒は10名（19.2%）、「地図で見るのと実際に歩くのではちがいがあった」という生徒が9名（17.3%）であった。生徒のレポートを読んでみると、「ふだん通らない路地裏はよく知らず、新しい発見だった」、「ルートマップを見たときは50分で歩けるとは思わなかった」という意見も少なくなかった。

　ところで、生徒の感想を見ると、「暑かった」という意見が15件（28.8%）と最も多かった。この点については、今後に向けて検討する必要がある。巡検を実施したのは5月中旬であったが、実施した日はいずれも夏日であった。最

58

表 4-4　巡検に対する生徒の感想

生徒の感想	人数（%）
暑かった。	15 名（28.8%）
楽しかった（新しい発見があったから）。	14　（26.9）
楽しかった（※特に理由なし）。	11　（21.1）
新しい発見がたくさんあった。	10　（19.2）
地図を見るのと実際に歩くのではちがいがあった。	9　（17.3）
また巡検に行きたい。	8　（15.3）
地図を読み取るのが難しかった。	6　（11.5）
地図はすべて正しいわけではない（古い部分がある）。	4　（7.6）
よい経験になった。	3　（5.7）

（参加者の 5% 以上から意見があった項目を掲載した）

近は 5 月でも暑くなる日が多い。巡検の事前学習（地図学習）を省くのは難しいが、内容を厳選して短時間に集中して行うことは不可能ではない。伊藤・鈴木ほか（2015）が指摘しているように、フィールドワークにおける危機管理は非常に大切である。巡検中の熱中症などを起こす生徒がいないように厳に気を付けたい。

5.　おわりに

　本章では、岡山市北区南方地区において官公庁に着目したウォークラリー巡検の実践過程とその成果について考察した。設問の解答状況は高く、官公庁や会社などの位置を正確に把握した生徒が多かった。
　岡山市中心部の特色については、「官公庁や住宅の立地があるところ」など

と建物を個別に述べた生徒が多く、見学スポットに関連したものが多かった。しかし、「この地域は都会である」、「この地域は田舎である」といった地理的特性をまとめた回答も見られた。

　巡検に関する感想としては、巡検学習が楽しかったという意見が非常に多かった。しかし、「暑かった」という回答が最も多く、フィールドワークにおける危機管理の重要性も明らかになった。

　最後に、ワークシート（2）「（1）を参考にして、学校周辺はどのような性格を持った地域か考えてみましょう。」、ワークシート（3）「今回のシティーキャンパスの感想を述べてください」に書かれたある生徒（C さん）の文章を示しておきたい（図 4-2）。

　「内側の路地はせまく、自営業のお店が多くあり、昔ながらの雰囲気が感じられた。大通りは有名企業のビルがたち並び、まちの中心らしさを感じた。所々に空襲の跡が残っており、戦争の記憶を後世に伝えようとしていることが感じられた。人通りの多いところと少ないところで雰囲気も景色も全く違うなと思った。建物をよく見ると後楽館や県立記録資料館などは柱が多く、地震対策がされていると思われる。次に地形に注目してみるとゆるやかな坂がややあり、場所によって標高も様々だと思った。

　今回「シティーキャンパス」[1] として歩いてみて思ったことは、普段何気なく通っている道でも意外と知らないなと思った。大通りにベネッセがあったり、少し内側に入ってみるとまったく知らない景色が広がっていたり、とても新鮮だった。駅やビルにばかり目がいっていたが、路地や標高に注目してみると新たな発見が多くあった。季節が春なのもあり、花や木を見るのも楽しかった。キンモクセイの名前は知っていたが、どんな花かは知らなかったが、普段身近にある木がそのキンモクセイだということが分かってよかった。」。

付記

　本章は、今井英文「高等学校「地理 A」におけるワンポイント巡検の実践と評価」. 地理教育研究、第 14 号（2014 年 3 月）を大幅に加筆修正したものである。

注

1）先述のように、同校では、校外学習のことを「シティーキャンパス」とよんでいる。

文献

伊藤徹哉・鈴木重雄・立正大学地理学教室（2015）:『地理を学ぼう　地理エクスカーション』朝倉書店、108p.

第 5 章

防災に着目したウォークラリー巡検

1. はじめに

　2017 年 10 月下旬、「岡山市北区南方地区における防災の特色と課題」とい
うテーマで巡検を行った。その理由は、岡山市では近年南海トラフを震源とす
る地震の被害が想定されており、ゲリラ豪雨や台風も増えているため、生徒に
防災について考える機会を与えたいと考えたこと、平成 30 年公示の高等学校
新学習指導要領では防災に関する地理学習が重視されているため、新学習指導
要領が実施されるまでに、防災に関する巡検を蓄積しておきたいと考えたこと
の 2 点である。このウォークラリー巡検は、前記の 3 つの巡検が地域の特色を
捉えようとしたものであるのに対し、防災という特定の現象に焦点を合わせた
点に特徴を持つものである。参加者は 2017 年度に同校で地理 A を履修した 77
名（3 クラス）である。

2. 事前の教材研究と見学スポットの設定

　岡山市発行の 2500 分の 1 地図（岡山市市域図）を持って校外に赴き、防災
に関する見学スポットについて検討した（図 5-1）。水害に関する事象として、
同校の近くを流れている西川用水に着目した（写真 5-1）。この川は川幅が狭
く、ゲリラ豪雨や台風などで氾濫するおそれがある。同校周辺には標高に微妙
な高低差があり、水害時には冠水するおそれがある。そこで、これらに関する

「地理Ａ」課題（15）（その１）

地図を見て学校周辺を歩いてみよう！

（1）地図を見て歩きながら、次の問いに答えてみましょう。学校に帰ったあとで清書
する時間をとりますから、校外ではメモだけでOKです。

①後楽館中学校・高校には校門の外に看板があります。後楽館中学校・高校は何に
指定されていますか。

②西川用水はどの方角に流れていますか。

③西川用水の川幅は約何mですか。地図のめもりを見て、選択肢から選びなさい。
　　［ア）10m　イ）50m　ウ）70m］

④この建物は地震で倒れないように工夫されています。それは何ですか。建物の外
観をながめてみましょう。

⑤ここの標高（4.5m）と、南方保育園との標高差はどれくらいですか。

⑥ここには町内会の看板があります。その看板のなかに防災関係の地図（下に防災
グッズの説明がある）が貼ってありますが、この防災関係の地図に示されている
ものを３つあげてください。

⑦地震が発生したとき、この付近を歩いていると、何に気をつけなければならない
ですか。

⑧この付近に歯科医院があり、その前には、災害時（特に地震）に役立つものがあ
ります。それは何ですか。

⑨この広い土地に岡山中央小学校があり、災害時の避難所になっています。その敷
地の東西は約何mありますか。地図のめもりを見て、選択肢から答えなさい。
　　［ア）70m　イ）100m　ウ）120m］

⑩ここは、大雨時に通行する場合、注意しないといけません。ここには何が通って
いますか。

（2）（1）を参考にして、学校周辺の防災について気付いたこと、考えたことをまと
めてみましょう。

（3）シティーキャンパスは楽しかったですか？感想・意見を自由に書いてください。

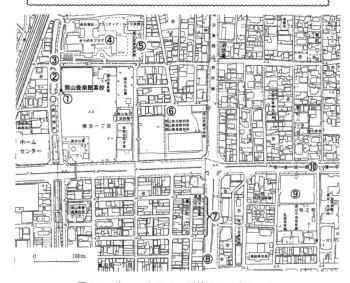

図5-1　ウォークラリー巡検のワークシート

注）この地図は、岡山市発行の岡山市市域図（2千5百分の1）を使用したものである。

写真 5-1　西川用水

設問として、「②西川用水はどの方角を流れていますか。」「③西川用水の川幅
は約何 m ですか。地図の目盛りを見て選択肢から選びなさい。」、「⑤ここの標
高（4.5 m）と、南方保育園との標高差はどのくらいですか。」を設定した。こ
れらは、災害の基盤をなしている自然地理的条件といえるものである。同校か
ら少し歩いたところに地下道があり（写真 5-2）、大雨時には冠水するおそれ
がある。これに関する設問は「⑩ここは、大雨時に通行する場合、注意しない
といけません。ここに何が通っていますか。」である。地震の被害に着目する
と、耐震工事をしたビルが多く見られ、倒壊を防ぐ工夫がなされている（写真
5-3）。その一方で大きい道路に面したビルには古い看板や古いガラスがあり、
大きな地震が発生すると落下する危険がある。これらに関する設問は、「④こ
の建物は地震で倒れないように工夫されています。それは何ですか。建物の外
観をながめてみましょう。」、「⑦地震が発生した時、この付近を歩いていると、
特に何に気をつけなければならないですか。」である。防災施設に関しては、
同校を含めて近隣小・中学校が避難所になっていることや、比較的災害に強い
固定電話ボックスが数か所ある。これらに関する設問として、「①後楽館中学校・
高校には校門の外に看板があります。後楽館中学校・高校は何に指定されてい

写真 5-2　地下道

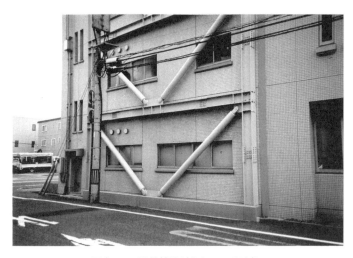

写真 5-3　耐震補強がされている建物

ますか。」、「⑨この広い土地に岡山中央小学校があり、災害時の避難所になっ
ています。その敷地の東西は約何 m ありますか。地図の目盛りを見て、選択
肢から選びなさい。」、「⑧この付近に歯科医院があり、その前には、災害時（特
に地震）に役立つものがあります。それは何ですか。」を設定した。以上のよ
うに、西川の川幅や流れる方向、学校周辺の高低差、地下道、古いビルの看板、
耐震補強した建物、避難所、電話ボックスを見学スポットに決定した。なお、
②③⑤⑨の設問は、地図の読図力とも関係するものである。

　以上の教材研究をもとに、巡検で使うワークシートを作成した（図 5-1）。ワー
クシートは 2 つの部分から構成されている。下半分は 2500 分の 1 地図（岡山
市市域図）をもとに作成したルートマップであり、①から⑩までの番号がふっ
てある。これらは見学スポットを示したものである。一方、上半分には①から
⑩までの設問がある。これらは地図の見学スポットの①から⑩までと一致する。
したがって、生徒は下半分の見学スポットを自分で探し、上半分の設問を解き
ながら、学校周辺を巡ることになる。

3.　ウォークラリー巡検の実践

　表 5-1 は、防災に着目した岡山市北区南方地区の巡検学習に関する学習指導
案である。

　巡検は、2017 年 10 月下旬に実施した。同校の授業時間は 100 分である
ため、巡検の事前指導を 10 分、校外での巡検 50 分、巡検後のまとめを 40
分とした。

　ガイダンスでは、教室でワークシートを配り、巡検のテーマ「岡山市北区南
方地区の防災の特色と課題」を述べた。そして、巡検の目的を説明した。地図
を活用すること、岡山市北区南方地区の防災の現状と課題を把握することの 2
点である。巡検上の注意事項としては、教員が見学スポットで説明することは
ないので、自分で見学スポットを探して、それに関する設問を解くこと、巡検
では見学する順番や仲間は自由であることを指摘した。

表5-1　ウォークラリー巡検に関する学習指導案（防災）

本時のテーマ	岡山市北区南方地区における防災の特色と課題
授業の目標	地図を活用し、岡山市北区南方地区における防災の現状と課題につ把握する。

	学習内容と学習活動	指導上の留意点
導入	◎ガイダンス ・巡検の目標を聞く。 ・ワークシートを受け取り、その使い方を理解する。 ・巡検の注意事項を知る。	・授業の目標（上記）を理解させる。 ・ワークシートを配り、その使い方を理解させる。 ・見学する時間は50分であることを告げる。 ・校外で担当者が説明することはないので、生徒自身でワークシートの設問を解くように指示する。 ・見学する順番や仲間は自由であると話す。 ・貴重品は身につけるように指示する。
展開	◎ワークシートを持って、見学スポットを観察する。 《見学スポット》 (a)応急給水栓設置校 (b)西川用水の流れる方向 (c)西川用水の川幅 (d)耐震補強した建物 (e)土地の標高差 (f)オフィスの看板 (g)固定電話のボックス (h)災害の避難所（小学校） (i)地下道	・生徒の安全を確保し、進度を確認するため、生徒が見学する様子を交差点で見守る。 ・見学スポットでは、何も説明をしない。 ・見学が早く終わった生徒には、裏通りも見学するようにすすめる。 ・見学に時間がかかりそうな生徒には、ヒントを出すなどして支援を行う。
まとめ	◎ワークシートの設問のメモを清書する。 ◎学校周辺の特色と問題点を文章にまとめる。	・難しく考えないで、思いついたことから書くようにアドバイスする。

「地理A」課題（3）　　　【提出用】

学年		組		番号		名前		D	

(1)	①	応急給水栓	○	②	南	○	③	ア）	○
	④	鉄筋	○	⑤	1m	○	⑥	−	○
	⑦	看板の落下	○	⑧	公衆電話	○	⑨	ア）	○
	⑩	地下道	○						

(2) 　今日シティーキャンパスをしてみて、学校の周辺には意外にも災害に備えた設備があるんだなと思った。近くにあるきらめきプラザも、標高が他より高いということを初めて知った。西川は川幅がせまく、大雨が降ったらすぐに氾濫してしまうので、西川近くの建物は高めにしているのかなと感じた。

　後楽館が避難所であることは知っていたが、応急給水栓設置校だということは知らなかった。近所の人も看板に気付いているのかなと少し不安になった。生徒であっても知らないので、もっとその事実をアピールする看板を増やしたらいいのになと思う。岡山は災害が少なく、県民の防災意識も低いので、自前に住んでいる地域の注意点や安全点を知っておくことが災害時にとても重要になってくるなと思った。日々の生活の中で防災について考えておき、災害時にすばやく動けるようにしていきたい。

(3) 　地図の中にヒントが隠されていたので、スムーズに問題を解くことができた。1時間くらいかかるかなと思っていたけど、実際には40分程度で終わった。岡山の防災や注意点について知るよい機会になったと思う。

［担当者コメント］

　シティーキャンパスを通じて、防災について新しく学んだ点が色々とあって、よかったと思います。確かに、岡山では、日頃から防災について注意点を知っておく必要があると思います。　　　　　　　　　　　　　　　　　　　　　　　*Very gppd*

図 5-2　ワークシートに書かれた生徒の感想

注1）Dさんが書いた文章を筆者がワープロ打ちしている。
注2）(1) の○は正解、×は不正解を示す。
注3）ワークシートの斜字は、担当者（筆者）が付けたコメントである。

　生徒が校外に出発したあと、筆者は大きな交差点で生徒の安全と進度を見守った。1人で回る生徒、グループで巡る生徒など、自由に見学していた。進度が極端に遅い生徒については、ヒントを与えて見学スポットを早く回れるように支援した。生徒によって多少の差はあったが、すべての生徒が50分以内に教室に帰ってくることができた。教室に帰ってきてからは、校外でワークシートにメモしたことをレポート用紙に清書するように指示した（図5-2）。

4. ウォークラリー巡検に対する生徒の反応

（1）ワークシートの設問の解答状況

　表5-2は、ワークシートの設問に対する生徒の解答状況を示したものである[1]。この表から次の3点を指摘できる。

　第1は、水害の自然地理的条件に関する設問（②、③、⑤）には、正答率に大きなひらきがあることである。「③西川用水の川幅は約何mですか。地図のめもりを見て答えなさい。（正答：10m）」の正答率は90.9%で、9つの設問の中で正答率が最も高かった。また、「②西川用水はどの方向に流れていますか（正答：北から南）」も参加した生徒の72.7%が正しい答えを解答用紙に記入していた。それに対して、「⑤ここ（県立資料館）と南方保育園との標高差はどのくらいですか（正答：約1m）」という設問は、正答率が60.6%と非常に低かった。正答以外の解答を見ると、無回答が22.7%と多かった。このことは、地図を使って標高差をはかる方法を知らない生徒がかなりいることを示している。また、「標高差はほぼない」という解答があったが、これも間違いである。水害時に1m水が溜まると、床上浸水の危険性が高く、歩いて避難することは困難になる。

　第2は、災害時の危険箇所に関する設問（⑦、⑩）は正答率が比較的高いことである。「⑦地震が発生したとき、この付近を歩いていると、何に気をつけなければならないですか（正答：看板の落下）。」の正答率は83.3%であった。

表 5-2　ワークシートの設問（1）の正答状況

設問と正解	正解状況
① 後楽館中学校・高校は何に指定されていますか。 （正解：応急給水栓設置校）	44 名（66.6%）
② 西川用水はどの方向に流れていますか。　（正解：北から南）	48　（72.7）
③ 西川用水の川幅は約何mですか。選択肢から選びなさい。 （正解：10m）	60　（90.9）
④ この建物は地震で倒れないように工夫されています。それは何ですか。　（正解：耐震補強）	51　（77.2）
⑤ ここの標高（4.5m）と南方保育園との標高差はどれくらいですか。　（正解：約1m）	40　（60.6）
⑥ ここに町内会の防災の地図があります。何が書かれていますか。	―
⑦ 地震が発生した時、この付近を歩いていると、何に気をつけなければならないですか。　（正解：看板の落下）	55　（83.3）
⑧ この付近に歯科医院があり、その前には災害（特に地震）に役立つものがあります。それは何ですか。　（正解：公衆電話）	51　（77.2）
⑨ 避難所である岡山中央小学校の東西は何mありますか。地図の目盛りを見て答えなさい。　（正解：約100m）	38　（57.5）
⑩ ここは、大雨時に通行する場合、注意しなければなりません。ここには何が通っていますか。何がありますか。 （正解：地下道）	52　（78.8）

注1）この巡検の出席者は 66 名である。
注2）設問⑥は、教材研究時には防災地図が貼られていた。しかし、巡検実施時には無くなっていたので、答えなくてもよいことにした。

また、「⑩ここは、大雨時に通行する場合、注意しないといけません。ここには何が通っていますか（正答：地下道）。」は78.8%であった。これらは大きな道路に面していて目につきやすいため、正答率が高くなったと考えられる。

　第3は、災害時の避難所に関する設問（①、⑨）は、正答率が低いことである。「①後楽館中学・高校は何に指定されていますか（正答：応急給水栓設置校）」の正答率は66.6%であった。間違った解答としては、後楽館高校の正門と南門を勘違いし、当時南門に掲げられていた「サイクルマナー校」という垂れ幕に書かれていた文字を書いたものが少なからず見られた。また、「⑨避難所である岡山中央小学校の東西は何mありますか。地図の目盛りを見て答えなさい（正答：約100m）。」は57.5%と9問の中で最も正答率が低かった。間違った生徒の大多数は、地図の目盛りを正確に活用できていなかった。

（2）生徒がとらえた防災の特色

　表5-3は、ワークシートの設問2.「今日は、学校周辺でシティーキャンパスを実施しました。それをふまえて学校周辺の防災について、気づいたことや考えたことをまとめてみましょう。」に書かれた内容を整理集約したものである。

　巡検地域の災害の危険物に関しては、「看板の落下」（12名、18.2%）、「崩壊しそうな建物」（10名、15.2%）、「地下道」（5名、7.6%）等々の建造物の危険性や、自然環境の危険性として「小川があふれる危険」（8名、12.1%）などが注目されている。これらは見学スポットとして設定したものであり、巡検の効果があったことを示すものといえよう。このような危険性に対応して、「応急給水栓設置校」（18名、27.3%）、「耐震工事」（18名、27.3%）、「公衆電話」（6名、9.1%）、「避難所」（6名、9.1%）などの防災対策がなされていることにも十分に目が向けられていることもわかる。これらもほとんどが見学スポットに関するものであった。そして、それらを総括した「災害に対して様々な備え・対策があることがわかった。」（19名、28.8%）という意見が最も多く見られた。

　以上のような災害の危険性や防災設備の実態把握の上に立って、「日頃から

表 5-3　ウォークラリー巡検で生徒がとらえた防災の特色（複数回答）

生徒の意見	人数
★災害に対してさまざまな備え・対策があることがわかった。	19 名（28.8%）
○本校が応急給水栓設置校であることを初めて知った。	18　（27.3）
○耐震工事がしっかりしている建物があることがわかった。	18　（27.3）
○地震の際、看板の落下に気をつけたい。	12　（18.2）
★地震の際、崩壊しそうな建物があり、危険だと思う。	10　（18.2）
○台風の時など、本校の近くにある小川が溢れて危険である。	8　（12.1）
○本校を含めてまわりに避難所が多い。	8　（12.1）
○災害に強い公衆電話が設置されていることに気づいた。	6　（9.1）
○災害に強い公衆電話の数が少なく、増やすべきだと思う。	6　（9.1）
★本校が避難所になっていることを知った。	6　（9.1）
★日頃から災害に対して備えることが大切だと思う。	6　（9.1）
★家のまわりの防災について考えておきたい。	5　（7.6）
○洪水の際、地下道は危険だと思った。	5　（7.6）
○これまで標高の差があることを知らなかった。	4　（6.1）
○道路を隔てて、標高の差があることがわかった。	4　（6.1）
○公衆電話の位置を覚えておきたい。	4　（6.1）
★災害対策が不十分だと思う。	4　（6.1）
○災害時の避難マップの整備が不十分である。	4　（6.1）
★災害時に力になってくれるコンビニや消防署などがある。	4　（6.1）
★道路がデコボコしている。	4　（6.1）

（資料：生徒のレポートにより作成）

注①4 名以上（出席者全体の 5%以上）から指摘があった内容について示している。
　②○はワークシートでヒントを出したもの、★はヒントをだしていないものを示している。

災害に対して備えることが大切だと思う。」（6名、9.1%）、「家のまわりの防災について考えておきたい。」（5名、7.6%）、「公衆電話の位置を覚えておきたい。」（4名、6.1%）など、防災を自分たちの日常生活のあり方と関連した記述が見られた。さらに、「災害に強い公衆電話を増やすべきである。」（6名、9.1%）、「災害時の避難マップの整備が不十分である。」（4名、6.1%）、「災害対策が不十分だと思う。」（6名、9.1%）など防災対策への提案、防災対策の問題点の指摘が見られた[2]。

　なお、今回の巡検では、見学スポットに関する記述が、表町商店街での巡検に比べて多かった。これは、今回の巡検が「防災」に特化・焦点化したためではないかと思われる。

（3）ウォークラリー巡検に対する感想

　ここでは、ウォークラリー巡検に対する生徒の関心について考察しておきたい。授業終了後にワークシートを回収したところ、ウォークラリー巡検に参加したすべての生徒が「面白かった」と答え、「面白くなかった」という回答は全く存在しなかった。篠原（2001）は、1971年に愛媛県立宇和島南高等学校で休日を使って、津島町（現在は宇和島市の一部）でバス巡検を実施したところ、74%の生徒が「参考になった」ということを報告している。同じ巡検といっても、時代、交通手段（バス、徒歩）、ルートなどが大きく異なり、両者を単純に比較することはできない。しかし、それを承知のうえで比較すると、ウォークラリー巡検がいかに多くの生徒の関心を集めたかがわかる。

　次に、巡検が楽しかった理由について見ると（表5-4）、「学校周辺の地域的特色について新しい発見があったから」（25名、32.4%）、「学校周辺の防災の現状や災害時の危険箇所を学べたから」（21名、27.2%）という意見が多く見られた。このことは、巡検によって生徒の知的好奇心が強く刺激され、それがこの巡検の楽しさにつながったことを示している。

　巡検が楽しかった理由としてはさらに、「友人と楽しく会話ができ、意見交換をすることができたから」（7名、9%）、「普段の座学と違って、アクティブ

表 5-4　ウォークラリー巡検が楽しかった理由（複数回答）

理由	人数（%）
学校周辺の地域的特色について新しい発見があったから。	25 名（32.4%）
学校周辺の防災の現状や災害時の危険個所を学べたから。	21　（27.2）
友人と楽しく会話でき、意見交換をすることができたから。	7　（9.0）
普段の座学と違って、アクティブに動くことができたから。	6　（7.7）
天候がよかったから。	3　（3.8）
ワークシートの地図に設問の答えがあったから。	2　（2.5）
行動範囲が適切だったから。	1　（1.2）
既述なし。	9　（11.6）

資料：生徒のレポートにより作成。

に動くことができたから」（6 名、7.7%）という意見があった。教師主導型の巡検では、友人との楽しい会話や意見交換、アクティブな行動をすることは少ない。この巡検を年度始めに行えば、クラスの雰囲気を作るきっかけにもなる。

5.　おわりに

　本章では、防災という内容に焦点化したウォークラリー巡検の実践について考察した。その結果は次のようにまとめられる。

　1）設問の正答率について検討したところ、水害の自然地理的条件に関する設問では正答率に大きなひらきがあること、災害時の危険箇所に関する設問では正答率が比較的高いこと、災害時の避難所に関する設問では正答率が低いことが明らかになった。

　2）生徒は巡検地域における災害の危険性、防災の設備等について実感的に捉えることができた。また、自らの防災態度に関心を持つことができ、防災対

策への意見を持つこともできた。さらに参加者の多くが「新しい発見があった」、「面白かった」という感想を抱いた。これらのことから、この巡検は成果があったと考える。これは、防災という特定の事項に焦点化したことにより内容が捉えやすかったことと、自らの日常生活に関わる内容であったためと考えられる。

3）対象とした地域は、災害、防災に関して何か特別なものが見られる場所ではなく、きわめて平凡な地域である。このような場所でも有意義な巡検学習が実施できたことは、今後の巡検学習のあり方の1つとして、貴重な意義を持つものといえる。

最後に、ワークシートの設問2.「今日は、学校周辺でシティーキャンパスを実施しました。それをふまえて学校周辺の防災について、気づいたことや考えたことをまとめてみましょう。」に書かれたある生徒（D）さんの文章を示しておきたい（図5-2）。

「今日シティーキャンパスをしてみて、学校の周辺には意外にも災害に備えた設備があるんだなと思った。近くにあるきらめきプラザも、標高が他より高いということを初めて知った。西川は川幅がせまく、大雨が降ったらすぐに氾濫してしまうので、西川近くの建物は高めにしているのかなと感じた。」

「後楽館が避難所であることは知っていたが、応急給水栓設置校だということは知らなかった。近所の人も看板に気付いているのかなと少し不安になった。生徒であっても知らないので、もっとその事実をアピールする看板を増やしたらいいのになと思う。岡山は災害が少なく、県民の防災意識も低いので、自前に住んでいる地域の注意点や安全点を知っておくことが災害時にとても重要になってくるなと思った。日々の生活の中で防災について考えておき、災害時にすばやく動けるようにしていきたい。」

付記

本章は、今井英文・神田竜也「高等学校「地理A」におけるウォークラリー巡検の実践的研究－岡山市中心部における防災をテーマとして－」．地理教育研究、第23号（2018年10月）をもとにしたものである。この論文は神田竜也氏との共著であるが、氏の同意を得たうえで内容を大幅に変更して書き直し、掲載したものである。

注

1）9 問の平均正答率は、73.8％である。

2）この「災害対策が不十分だと思う」という意見では、総合的に見て災害対策が不十分なのか、それともある特定の側面で災害対策が十分でないのかはわからない。ただ、現在の防災を批判的に見ていて、改善の必要性を考えているのは確かである。

文献

篠原重則（2001）：高校生の野外調査と生徒の反応．篠原重則『地理野外調査のすすめ－小・中・高・大学の実践をとおして－』古今書院、p.262-263.

第6章
巡検学習の評価論

1. はじめに

　巡検学習に関するこれまでの研究をみてみると、巡検学習の評価論についての研究は少ない。巡検学習のような野外での体験学習は、他の学習に比べると評価が難しいためではないかと思われるが、巡検学習も教育活動である以上、評価に関する研究・考察が必要なことはいうまでもない。そこで、本章では、本書第4章で取り上げた巡検（官公庁・企業本社の立地に着目したウォークラリー巡検）を事例として、巡検学習に関する評価について具体的に考察する。

2. 評価の観点、評価規準

　平成20年、21年の学習指導要領社会科、地理歴史科に関わる文科省（文科省2011、2012）の評価の観点は、「関心・意欲・態度」、「思考・判断・表現」、「資料活用の技能」、「知識・理解」の4観点となっている。
　本実践における巡検学習の目標は「同校周辺の自然的・社会的現象に関心を持たせ、地図を活用してそれらを観察し、地理的特色について考えさせ、理解させる。」である。これをふまえて、次のような5つの評価規準を設定した。
　(a) 野外において、地図から必要な情報を読み取ることができたか。
　(b) 巡検地域の自然・社会を注意深く見て、その特色を把握できたか。
　(c) 巡検学習を通じて、地理的な諸事象を多面的・多角的に考察できたか。

　(d)　巡検地域の自然・社会や巡検学習に関心を持てたか。

　(e)　巡検地域の自然・社会や巡検の知識を身につけているか。

これらを評価の観点として示せば、次の 5 項目となる。

　(a)　読図力

　(b)　観察力

　(c)　思考力

　(d)　意欲・関心

　(e)　知識・理解

　本研究の観点は 5 項目であり、文科省の観点の 4 項目より 1 つ多い。これは、本研究では「観察力」という観点を入れたことによるものである。巡検学習においては「観察」が最も重要であることに鑑み、巡検学習の評価においては「観察力」を独立して取り上げる必要があると考えたからである。

　これを文科省の観点と対応させると次のようになる。

　(a)　読図力・・・・・文科省の「資料活用の技能」

　(b)　観察力・・・・・文科省にはなし

　(c)　思考力・・・・・文科省の「思考・判断・表現」

　(d)　意欲・関心・・・文科省の「関心・意欲・態度」

　(e)　知識・理解・・・文科省の「知識・理解」

3.　評価の実際

(1)　評価方法

　評価を行うには、評価の材料となる評価資料を確保しなければならない。しかもできるだけ客観的（数値的）な資料として把握できるようにする必要がある。このことはどの学習においてもいえることであるが、巡検学習のような野外での体験学習においては、これらは特に面倒な作業となる。本研究での巡検はウォークラリー巡検であった。それは、生徒自身が巡検中にワークシートに

書かれた設問を解きながら観察するという巡検である。その設問は、ほぼ○×式に近い単純なクイズ形式の設問なので、解答結果の集計や数値化は容易である。この設問の解答結果を評価の資料として使うことにより、容易で効果的な評価ができると思われる。ワークシートの設問は 10 問ある。このうち 5 問を読図力の資料として使い、他の 5 問を観察力の資料として使った。1 つの設問を 1 点とし、各観点は 5 点満点となる。このような方法なので、読図力と観察力の集計、得点化は簡単にできる。これに対して、思考力と興味・関心の 2 つの観点については、ワークシートに記入させた文章記述を資料としたので、やや面倒な作業となる。思考力と興味・関心についても 5 点満点で採点した。知識・理解については、定期試験の結果（配点 5 点）に基づいて評価した。以下、各観点ごとに正答率、得点を考察する。

(2) 正答率、得点

①読図力

今回の巡検学習においては、読図力を「野外において、地図から必要な情報を読み取ること」とした。ワークシートの設問のうち、次の 5 問を読図力に関するものとし、その正答率を資料として 5 点満点で採点した。

1. ここは、「きらめきプラザ」1 階の標高を示したものです。後楽館高校のグラウンドとどのくらい標高の差がありますか。（正解：0.9m）
2. 西川用水は、どの方向からどの方向に流れていますか。（正解：北から南）
3. ここは、後楽館の敷地の長さを示したものです。約何 m ありますか。（正解：約 150 m）
4. 「国道 53 号線」と「主要地方道岡山吉井線」はどこで交差しますか。（正解：番町交差点）
5. この地図記号は何を示していますか。（正解：交番）

　得点をみると、5 点が 4 名（7.7%）、4 点が 15 名（28.8%）、3 点が 24 名（46.1%）、2 点が 9 名（17.3%）、1 点と 0 点は皆無であったが、読図力の平均得点は 3.2 点で、これは 5 観点の中で最も低かった。その理由としては、机上で地図を読む学力と、野外で地図を読む学力には多少のちがいがあるためと考えられる。

②観察力

　観察力とは、「巡検地域の自然・社会を注意深く見て、その特色を把握すること」である。ワークシートの設問のうち、次の 5 問を観察力に関するものとし、その正答率を資料として 5 点満点で採点した。

---

1. ここには広い面積をとってある役所が立地しています。それは何ですか。
   （正解：裁判所）
2. ここには何が立地していますか。（正解：岡山弁護士会館）
3. ここにはある会社の本社があります。その企業名を答えなさい。
   （正解：トマト銀行）
4. ここにはある会社の本社があります。何という会社ですか。
   （正解：ベネッセ）
5. このあたりには住宅がたくさん建っています。その特徴を選択肢から
   選びなさい。（正解：一戸建てとマンション）

　得点を見ると、5 点の生徒は 38 名（約 73%）、4 点が 7 名（約 13.5%）、3 点が 3 名（5.8%）、2 点が 1 名（1.9%）、1 点が 3 名（5.8%）、0 点は皆無であった。平均点は 4.5 点で、5 観点の中で最高点を示した。これは大きな道路に面している大きい建物を観察のポイントにしたため、対象となる建物等を確認しやすかったためと思われる。しかし、観察力の育成は巡検学習の大きなねらいの 1 つであることを考えると、この巡検は一定の効果をあげたといえる。

③思考力

　思考力とは、巡検学習を通じて、地理的な諸事象を多角的・多面的に考察する学力のことである。評価の資料としては、ワークシートの設問（2）「学校の周辺はどのような性格を持った地域かを考えてみましょう。」を用いた。

　裁判所、弁護士会館、きらめきプラザ、大きな道路・交差点、土地の標高などに特色があり、評価基準は「法律関係の立地しているところ」、「公共施設（きらめきプラザ）があるところ」、「企業の本社が立地しているところ」、「主要な道路が集まっているところ」、「平坦な地形であること」に関連する記述の数で5段階評価とした。

　採点の結果、5点が7名（13.5%）、4点が24名（46.1%）、3点が12名（23.1%）、2点が3名（5.8%）、1点は5名（9.6%）、0点が1名（1.9%）、平均点は3.4点であった。思考力は読図力よりも得点が高いが、観察力に比べると低かった。また、自然現象として、植えてある樹木に着目した生徒も見られたが、土地の標高に気づいた生徒は少なかった。さらに、自然現象と社会現象を総合的にとらえ、学校周辺は「平坦な都心部」という解答は皆無であった。

④意欲・関心

　意欲・関心とは、巡検地域の自然・社会や巡検学習に関心を持てたかということで、ワークシートの設問（3）「今回のシティーキャンパスの感想を述べなさい」によって判断した。評価は、次の2つの方向から考えた。配点5点のうち、3点は生徒の記述内容である。「楽しかった」、「難しかった」、「初めて知った」など情意的な内容が書かれているか否かで判断した。そして2点は文章量で評価した。文章量を評価の方法にすることについては問題がないわけではないが、意欲・関心がなければ長い文章は書けない。生徒の文章量を平均したところ、10行中7.7行だったので、それ以上であれば2点、以下であれば1点を付けた。

　生徒の得点を見ると、5点が37名（71.1%）、4点が0名（0.0%）、3点が11名（21.1%）、2点が1名（1.9%）、1点が2名（3.8%）、0点が1名（1.9%）であった。平均得点は4.2点で、観察力に次いで2番目に高かった。

⑤知識・理解

　ここでいう知識・理解は、巡検地域の自然・社会や巡検学習の知識を身につけていることをさし、前期中間試験で評価した（図6-1）。試験の設問は「次の文章は、後楽館周辺の地理的特色について述べたものです。これを読んであとの問いに答えなさい。」というもので、5個の解答欄があり、各1点で計5点である。設問（1）「裁判所」と「都心部」、設問（3）「同校周辺に立地している建物」については、これ以外でも意味が通れば得点とした。

I　次の文章は、後楽館周辺の地理的特色について述べたものです。これを読んで、あとの問いに答えなさい。　　［2点 ×5＝10点］

　私たちが勉強している後楽館のまわりで最も広い面積を占めているのは、［　A　］である。ここにはさまざまな種類の［　A　］が立地している。また、それと関連して、法律関係の事務所も多い。このほか、中層マンション、民家などが立地している。現在の後楽館の敷地には、以前小学校が立地していたが、2001年に廃校になった。また、おしなべて標高が低い。以上をまとめると、後楽館周辺は標高の低い［　B　］ということができる。

（1）文中のAとBにあてはまる語句を漢字で解答欄に記入しなさい。
（2）下線部について次の問いに答えなさい。
　　①　その原因となった現象を何と言いますか。7文字で答えなさい（カタカナが混じっても構わない）。
　　②　①で答えた現象について、説明しなさい。
（3）文中に書かれていること以外に、後楽館周辺に立地しているものは何か答えなさい。

---

	(1)	A	裁判所	B	都心部
I	(2)	①	ドーナツ化現象		
		②	都市の中心部で人口が減少し、郊外で増加すること		
	(3)	企業の本社、法律事務所など			

図6-1　「知識・理解」に関する試験問題と正解

採点の結果は、答案をすべて生徒に返却していて示せないが、感触としては平均点は3点くらいであったと思われる。

(3) 総合評価

以上の評価結果を整理したのが表6-1である。

平均点をみると、観察力が4.5点と最も高く、次いで意欲・関心が4.2点と高かった。観察力が最も高かったことは、巡検学習の大きな価値が観察力の育成にあることを考えると、本巡検の学習の効果が大きかったことを示すものとして重要である。また、意欲・関心が高かったことは、野外での体験学習に生徒の興味関心が高かったことを示すもので、これも巡検学習の意義・効果を実証したものといえる。

一方、読図力は平均得点は3.2点で、5観点の中で最も低かった。その理由としては、机上で地図を読む学力と、野外で地図を読む学力には多少のちがいがあるためと考えられる。

表6-1　岡山市北区南方地区のウォークラリー巡検に対する生徒の得点

	読図力		観察力		思考力		意欲・関心	
5点	4名	(7.7%)	38名	(73.0%)	7名	(13.5%)	37名	(71.1%)
4点	15	(28.8)	5	(13.5)	24	(46.1)	0	(0.0)
3点	24	(46.1)	3	(5.8)	12	(23.1)	11	(21.1)
2点	9	(17.3)	1	(1.9)	3	(5.8)	1	(1.9)
1点	0	(0.0)	3	(5.8)	5	(9.6)	2	(3.8)
0点	0	(0.0)	0	(0.0)	1	(1.9)	1	(1.9)
平均点	3.2		4.5		3.4		4.2	

4.　先行研究との比較－松岡実践との比較－

(1) 評価方法に関する比較

　巡検学習の評価に関する研究は少なく、その中で、松岡（2012）は注目されるものであろう。松岡は中学校地理的分野の「身近な地域」の学習において、教師引率型のワンポイント巡検を行った。巡検の所要時間は 50 分である。松岡は次のような方法で評価を行った。

　評価の資料となったのは次の 4 つである。

　①単元の開始時に行うアンケート調査（事前アンケート）

　②巡検実施時に生徒が記入するワークシート

　③生徒の様子の観察

　④巡検実施後に行うアンケート調査（事後アンケート）

　事前アンケートの説明文は「学校の周りで、(1) どのようなものが、(2) どこに、(3) なぜそこにあるのか、というような点について、あなたが知っていること、興味関心があることをいくつか書き出してください。」というものであり、事後アンケートの設問文は「巡検を終えて、巡検地域で (1) どのようなものが、(2) どこに、(3) なぜそこにあるのか、という点について、あなたが気づいたことをいくつか書き出してください。」というものである。事前と事後のアンケート設問文は基本的に同じ内容である。②のワークシートとは、コースの矢印のみ記入したルートマップ（観察地点は未記入）を拡大した白地図に、生徒が巡検時に観察した事象を随時そのワークシートに記入した内容である。③の生徒の様子の観察は客観的データとして残すことができなかったので、この評価からは除かれている。

　このように松岡の場合は生徒が書いた文章の記述内容を分析することによって、評価を行った。例えば、野外観察力については、佐島（1964）の野外観察の発達段階、すなわち、素朴的直観観察→比較観察→相関観察という発達段階を基準として、事後アンケート調査の文章の内容を生徒ひとり一人について分析し、観察力の段階を判定していった。また、巡検地域の特徴の

84

把握・理解に関しては、同じく事後アンケートの文章内容を資料として、ア：台地における土地利用の特徴、変化に気づいている、イ：低地における土地利用の特徴・変化に気づいている、ウ：台地と低地等における土地利用を比較し、その違いを把握しているという3段階を設定し、その程度を判定している。

　このような松岡の評価方法は、巡検学習の評価研究の1つの試みとして画期的なものであるといえる。難点は、生徒ひとり一人の文章内容を分析し、そのレベルを判定していくことには多大な労力が必要なこと、また、その客観的把握（数値化）がそう容易ではないということである。

　これに比べると、筆者のウォークラリー巡検の場合、「読図力」、「観察力」については、ワークシートにある単純なクイズ形式の設問に生徒が解答した結果を資料とするものなので、その集計、数値化、得点化はきわめて容易である。ただし、単純なクイズ形式の設問であるため、深い知識・理解・判断などはこの設問では捉えにくいという難点がある。一方、「思考力」、「興味・関心」については、筆者の巡検の場合もワークシートに記述された文章を資料としているので、その集計、数値化、得点化はそう簡単ではない。しかしながら、クイズ形式の設問を利用したことで、容易で効果的な評価が部分的にでも可能になったと思われる。

(2) 評価結果に関する比較

　筆者が行った巡検学習の評価結果と松岡のそれとを比較してみる。ただし、松岡の評価段階はA、B、Cの3段階評価、筆者の場合は5段階評価であるため、筆者のものを3段階評価に組み替える必要がある。そこで、筆者の得点「5点、4点」をA段階、「3点」をB段階、「2点、1点、0点」をC段階とした。このようにして作成したのが表6-2である。

　「読図力」（松岡の「資料活用の技能」）をみると、B段階が最多であることと、A、B、Cの配分がほぼ同じであることから、ほとんど同じ評価結果といえる。「観察力」（松岡の「野外観察力」）については、ともにA段階が圧倒的

表 6-2　本実践と松岡実践における評価の比較

	今井実践				松岡実践		
観点＼評価	A	B	C			A	B	C
読図力	37%	46%	17%	資料活用の技能	39%	51%	10%
観察力	86%	6%	8%	野外観察力	92%	7%	0%
思考力	60%	23%	17%	―			―	
意欲・関心	71%	21%	8%	関心・意欲	53%	46%	2%
知識・理解	（最多はほぼ B）			地域の特徴の把握・理解	29%	36%	36%

（松岡実践は、松岡：2012 より引用）

に多いことから、これについてもほぼ同じ評価結果といえる。「意欲・関心」（松岡の「関心・意欲」）については、筆者の場合が圧倒的に A 段階が多いのに対して、松岡の場合は A 段階が第 1 位ではあるものの圧倒的に多い状況ではなく、若干の差がある。このことは、生徒が自由に観察するウォークラリー巡検のほうが、教師引率型の巡検よりも、意欲・関心を高めやすいということを示しているといえる。「知識・理解」（松岡の「地域の特徴の把握・理解」）については、筆者の場合、試験の結果を生徒に返却しているため、正確な判断は出来ないが、最多は B 段階だったと記憶している。松岡の「地域の特徴の把握・理解」も B 段階が多いので、大きな差はないように推測した。

　以上のように、「観察力」（松岡の「野外観察力」）と「意欲・関心」（松岡の「関心・意欲」）で得点が高く、「読図力」（松岡の「資料活用の技能」）と「知識・理解」（松岡の「地域の特徴の把握・理解」）ではそれほど高くはないという傾向が、筆者および松岡に共通的にみられた評価結果である。このことは、巡検という学習における学力達成の特徴を示しているように思われ、注目できるのではなかろうか。この結果を、他の学習（特に室内の学習）と比較していけば、巡検学習の意義がより明確になっていくものと思われる。

　しかしながら、清水（2019a, b）による巡検学習の評価結果では、「社会事象についての知識・理解」の得点が圧倒的に高く、次いで「資料活用の技能」

と「社会的事象への関心・意欲・態度」がやや高く、「社会的な思考・判断・表現」は低いという結果であり、筆者および松岡の場合とはかなり異なった結果となっている。学校・生徒の違い、巡検学習の目的・内容・方法の違い、評価方法の違いがあるため、単純に比較すること自体が無理であり、評価結果に違いが出ることは当然あり得ることである。しかし、筆者と松岡の場合は、学校・生徒のちがい、巡検学習の内容・方法の違い、評価方法の違いはあったにもかかわらず、ほぼ共通的な評価結果が得られた。このことは、今後の巡検学習評価論の研究において貴重な研究基盤の1つになると思われる。

5. 学習指導要領への対応

　既に述べたように、平成20年、21年の学習指導要領の学力観の評価の観点は4つである。これに対して、本研究の場合は「観察力」を独立した項目にしたため、観点は5つになっている。そこで、指導要録等への記載と関わっては、本研究の5つを4つにする必要がある。具体的には「観察力」を文科省の4つの観点のどこに位置づけるということであるが、松岡の事例では、「野外観察力」を1つの観点とし、文科省との関係では、それは「思考・判断・表現」としてとらえている。そこで、本研究の場合も、「観察力」は「思考・判断・表現」の観点に含めることとしたい。

　また、平成29年度、30年度の学習指導要領では、資質・能力として「知識及び技能」、「思考力・判断力・表現等」、「学びに向かう力・人間性等」という新たな3つの柱が示された。評価の観点もこれに準ずるものになると予想される。そこで、本研究の5項目をこの3つの柱の中に位置づけることが必要となるが、とりあえず、「読図力」と「知識・理解」は「知識及び技能」に、「観察力」と「思考・判断」は「思考力・判断力・表現等」に、「意欲・関心」は「学びに向かう力・人間性等」に位置づけておく。新たな3つの柱そのものが妥当かどうか、また巡検学習という学習の評価がこの3つの柱にうまく

適合するのかどうかなど検討課題もあるが、一応このように位置づけておきたい。

6.　おわりに

　本章では、筆者が実践したウォークラリー巡検を事例として、巡検学習の評価について考察した。その結果は次のようにまとめられる。

①評価の観点は、筆者の場合、文科省の 4 項目より 1 つ多い 5 項目とした。巡検学習においては「観察力」に関する学力が最も重要なので、「観察力」を独立した項目にすることが必要であると考えたからである。

②ワークシートの簡単な設問の結果を評価資料としたので、「読図力」、「観察力」については、容易で効果的な評価をすることができた。

③評価結果を見ると、「観察力」と「意欲・関心」で得点が高く、「読図力」と「知識・理解」は低かった。この結果は先行研究（松岡：2012）とも一致した。「観察力」と「興味・関心」が高かったことは、野外の学習である巡検学習の学力形成上の特質を示すものとして注目できるものである。

④本実践では「興味・関心」の得点が高かったが、これは、ウォークラリー巡検という巡検形態と関わるものと思われる。

⑤筆者の評価結果とは大きく異なる実践研究事例もあった。学校・生徒の違い、巡検学習の目的・内容・方法の違い、評価方法の違いなどによって評価結果に差が出てくることは当然ありうることである。今後、先行研究についての更なる検討、新たな実践とその考察などを進め、巡検学習の評価論を深めていきたい。

付記

　本章は、今井英文「高等学校「地理 A」におけるワンポイント巡検の実践と評価」．地理教育研究、第 14 号（2014 年 3 月）を大幅に加筆修正したものである。

文献

佐島群巳（1964）：子供の野外観察における観察力の実態とその発達段階．新地理、
　　11-4、pp.46-63.

清水大介（2019a）：中学校「総合的な学習の時間」を活用したワンポイント巡検の
　　実践と評価－校外学習との関連を意識して－．地理教育研究、24、pp.21-30.

清水大介（2019b）：校外学習の関連性を意識した中学校「社会科見学」の実践と
　　評価－ワンポイント巡検との関連を意識して－．地理教育研究、25、pp.21-31.

松岡路秀（2012）：巡検学習の評価－中学校「身近な地域」の学習におけるワンポ
　　イント巡検を事例に－．松岡ほか編『巡検学習・フィールドワーク学習の理論
　　と実践－地理教育におけるワンポイント巡検のすすめ』、古今書院 pp.64-70.

補 章

全国地理教育学会における
巡検学習論の展開と課題

1. はじめに

　全国地理教育学会の特色ある研究活動として「巡検学習論」がある[1]。全地教発足時（2007年）、巡検学習・フィールドワーク学習に造詣の深かった故清水幸男副会長の発案で、全地教に「巡検委員会」という組織が設置されることとなった。「巡検委員会」という委員会はどの学会にも存在しないものである。その後、「地理教育巡検研究委員会」も設けられ、巡検学習の活動が展開されていった。これらが刺激となって、巡検学習に関する多くの理論的・実践的研究が学会誌『地理教育研究』に掲載されるようになり、例会、大会のテーマとしても取り上げられてきた。そして、2012年12月に、全地教の総力を結集した『巡検学習・フィールドワーク学習の理論と実践－地理教育におけるワンポイント巡検のすすめ－』（松岡・今井・山口・横山・中牧・西木・寺尾編、全279頁、古今書院）が刊行された[2]。

　しかしながら、最近の動向をみると、巡検学習論はあまり活発とはいえない。そこで、本章では、全地教における巡検学習論の展開と特徴を回顧・確認し、今後の課題を明らかにする。そして、わが国における巡検学習論の研究をリードする全地教の活動として、巡検学習論の一層の発展を目指していきたい。

2. 全国地理教育学会における巡検学習論研究の展開

（1）学会誌『地理教育研究』刊行

　図 -1 は、学会誌『地理教育研究』に掲載された論考の数を示したものである。この図を見ると、14 年間に 37 本という多数の論考が掲載されていることがわかる。特に、『巡検学習の単行本』が発行される以前（2008 ～ 2012 年）において、巡検学習に関する論考が多い。これは会員による巡検学習に関する論考が多かったことに加えて、地理教育基礎巡検の報告が論考として掲載されていたためである [3]。しかし、近年（2015 年以降）、巡検学習に関する論考はかなり少なくなっている。なお、学会誌には、巡検学習の実践的研究が圧倒的に多いが、理論的なもの（学習指導要領との関連、社会参画との関係、評価）も見られる。

年別にみた掲載論考数			著者別本数	
2008 年 ●●●●	2015 年		今井英文	7 本
2009 ●●●●●●	2016	●	中牧　崇	6 本
2010 ●●●●●●●	2017	●	松岡路秀	3 本
2011 ●●	2018	●	山内洋美	3 本
2012 ●●●●	2019	●●●●	清水大介	2 本
2013	2020		山本　實	2 本
2014 ●●●●	2021			

図 1　学会誌「地理教育研究」（第 1 号～ 28 号）掲載論考数
注 1）●は論考 1 本を示す。筆者別本数は 2 本以上のみ示す。
注 2）それぞれの年に該当する具体的な論文名は「参考資料」を参照のこと。

（2）単行本出版

　次に、単行本であるが、全地教では次の 2 冊を出版した。1 冊は、『巡検学習・

フィールドワーク学習の理論と実践－地理教育におけるワンポイント巡検の
すすめ－』（松岡・今井・山口・横山・中牧・西木・寺尾編、全 279 頁、古今書院、
2012 年 12 月）で、巡検学習に関する論考は 31 本である。もう 1 冊は、『地理
教育研究の新展開』（山口・山本・横山・山田・寺尾・松岡・佐藤・今井・中
牧編、全 276 頁、古今書院、2016 年 11 月）で、巡検学習に関する論考は 2 本
である。

（3）全国地理教育学会例会・大会における報告

　全地教では、例会と大会で巡検学習に関する報告を行ってきた。例会では、
第 5 回例会（「地理教育における巡検学習のあり方－その理論と実践－」2010
年 3 月）、第 9 回例会（第 1 部：「巡検学習論の構築－地理教育巡検研究委員
会の研究最終報告－」、第 2 部：「巡検学習の実践報告」2012 年 2 月）、第 20
回例会：「二大講演会－環境問題と巡検学習－」2019 年 8 月）で巡検学習に関
する報告が行われた。一方、大会では、巡検学習に関するシンポジウムが行
われた。第 7 回大会（2013 年 11 月）では「巡検学習（フィールドワーク学習）
における能力育成と評価に関する諸問題」、第 13 回大会（2019 年 11 月）では
「巡検学習の更なる発展を目指して－新学習指導要領、巡検実施、評価等－」
である。

（4）3 つの学会誌における論考の比較

　表 -1 は、3 つの学会誌における論考数を比較したものである。この表をも
とに、『地理教育研究』、『新地理』、『社会科教育研究』について、それぞれの
学会誌に掲載された論考の特色を比較分析してみたい。『地理教育研究』では、
A「巡検学習に関する論考」が最も多くなっていて、これが最大の特色であ
る。それに対して、『新地理』や『社会科教育研究』では、B「ESD、持続可能、
SDGs」や C「防災・災害」に関する論考が中心になっている。これらは現代
社会の諸課題について取り上げたものである。

92

表 1　3 つの学会誌における論考数の比較

学会誌	A	B	C
『地理教育研究』（年 2 冊、全国地理教育学会）	37 本	10 本	4 本
『新地理』（年 3 冊、日本地理教育学会）	8	14	10
『社会科教育研究』（年 3 冊、日本社会科教育学会）	3	15	7

注
1）A から C は、次のような論考を示す。
　A「巡検学習」に関する論考
　B「ESD、持続可能、SDGs」に関する論考
　C「防災、災害」に関する論考
2）A については、論考のタイトルに「巡検、フィールドワーク、地域調査、野外調査、野外学習等の文言が表記されているものを取り上げた。対象年次は 2008 年から 2021 年 8 月である。
3）B、C については、『地理教育研究』は 6 号（2010）〜 28 号（2021）（23 冊）、『新地理』は 58-1 号（2010）〜 68-3 号（2020）（33 冊）、『社会科教育研究』は 109 号（2010）〜 142 号（2021）（34 冊）を対象とした。
4）対象論考は論文・研究ノート・短報等の類いとし、発表要旨等は除外した。

　以上、全地教における巡検学習論研究の展開について考察してきた。次に、巡検学習論の研究内容と成果について述べていきたい。

3. 全国地理教育学会における巡検学習論の研究内容と成果

（1）概念

　まず、全地教で打ち立てられた概念について説明していきたい。全地教では、地理学の学会の際に行われる巡検とは違う巡検学習に関する概念を 2 つ打ち立てた。1 つが「地理教育巡検」で、もう 1 つが「地理教育基礎巡検」である。
　地理教育巡検については、松岡ほか（2012）（『巡検学習の単行本』）で詳し

く述べられている。地理教育巡検は、「小学校・中学校・高等学校・大学それぞれの地理教育カリキュラムの中に位置づけられた巡検で、観察を中心に見学・調査等の手法を用いつつ、野外（現地）を巡ること」である。

　一方、地理教育基礎巡検は、「学校教育において行われる「地理教育巡検」をより効果的に実施できるようにするための基礎的研究」である。全地教では学校における巡検学習で役立つような工夫を試みている。

（2）巡検の形態

　第1章でも述べたように、現在、巡検学習は中学校・高校ではほとんど実施されていない。全地教では学校現場で役立つ巡検を考えて、「ワンポイント巡検」や「ウォークラリー巡検」という新しい形態を作り上げ、それを克服した。ワンポイント巡検とは、「1単位時間程度で、学校周辺を、少数の事象に絞って行う地理教育巡検」のことである。またウォークラリー巡検とは「ワンポイント巡検の一形態であり、生徒がワークシートを持って自由に校外に赴き、1単位時間程度で設問を解き、学校周辺の地理的特色について考察する巡検」のことをさす。

　全地教ではワンポイント巡検やウォークラリー巡検を普及させるため、松岡が「巡検のデータバンク」をホームページに掲載している[4]。このデータバンクには、中学校・高等学校・大学の各4件が登録されているが、2016年以降は見られない。

（3）その他

①他教科等との関連
　全地教の巡検学習は、総合的な学習や校外学習と関連があり、その実践についても報告されている。また、カリキュラム・マネジメントは、現学習指導要領で強く打ち出されており、学校現場でさらに進められそうである。

②大学における地理教育巡検

全地教は大学における巡検学習と深くかかわり、成果をあげてきた。大学における地理教育巡検としては、中牧　崇『大学・地理教育巡検の創造』、古今書院 2018 などがある。

③巡検学習の評価論

巡検学習の評価論は、ようやく研究が始まった大きな研究課題である。評価論の論考としては、松岡（2012）、今井（2014）、清水（2019a b）などがある。

4. 巡検学習論の活性化に向けて

以上、全地教における巡検学習論の研究内容と成果について報告してきた。これをふまえて、最後に巡検学習論の活性化策を述べておきたい。

(1) 巡検学習の価値を再確認すること

近年、スマートフォンの普及によって、中学生・高校生の行動に変化が見られるようになってきた。放課後や休憩時間になると、以前は多くの生徒が談笑していたが、最近はスマートフォンに熱中する生徒が多くなっている。筆者はスマートフォンを全面的に否定するつもりはない。しかし、彼らはスマートフォンのバーチャルな空間のなかに生きていて、現実の自然や社会をよく知らないのではなかろうか。このような状況にあるからこそ、巡検学習が以前にも増して重要であると考える。

巡検学習の教育効果をあらためて述べるなら、現実の自然や社会を直接観察させることで、直観的な知識・理解力を養うことができる。また、テーマによっては（例えば防災）自然や社会を総合的に考えさせる機会にもなる。さらに、巡検では必ず地図を使うため、読図力も養うことができる。

（2）全地教の地理教育基礎巡検を活性化すること

　地理教育基礎巡検は、巡検学習を実施する際に参考になり、巡検学習を指導する際に重要である。全地教設立以後（2007年以降）、地理教育基礎巡検は首都圏を中心に17回行われてきた。コロナ禍収束後は、より一層活発化させたい。

（3）ワンポイント巡検のデータバンクを周知させて充実させること

　先にも述べたように、データバンクはワンポイント巡検を実施する際に参考になる。データバンクをもとに、全地教で「ワンポイント巡検実践資料集」を作ってみてはどうかと考えている。

（4）学習指導要領への提言を行うこと

①フィールドワークの「抜け道」をなくすこと
　現行学習指導要領（中学校、高校）では、フィールドワークが重視されている。第1章でも述べたが、「地理総合」（平成30年）におけるフィールドワークの重要度は5点満点で4点、「中学校地理」（平29）も5点満点で4点である。
　しかし、事情がある場合はフィールドワークを実施しなくてもよいとされている。平成20年中学校社会科地理的分野の内容の（2）のエ「身近な地域」について、解説編では次のように記述されている。

> 　"観察や調査など"の"など"は、"学校所在地の事情"などから野外の観察や調査の実施が困難な場合、地図、画像、統計などを基に地理的事象の読み取り、調べ、追究する学習を行うことを考慮したものである。

②「巡検」という用語を明記すること
松岡（2012）は、学習指導要領を次のように改めることを訴えている。

96

（例）平成 22 年「地理 A」「ウ　生活圏の地理的な諸課題と地域調査」
　　　「生活圏の地理的な諸課題を<u>地域調査</u>やその結果の地図化などによって
　　　　とらえ、」

↓

　　　「生活圏の地理的な諸課題を<u>巡検や地域調査</u>によって、またそれらの結
　　　　果の地図化によってとらえ」

5.　おわりに

　本章では、全地教における巡検学習論の展開と課題、そして活性化について
考察してきた。その成果は次の 4 点にまとめられる。①全地教は巡検学習論に
ついて最も積極的に研究・実践を行い、多くの成果を上げてきた。②学会設立
当初には巡検学習は非常に活発であったものの、近年はやや停滞している。③
現代社会の諸課題をふまえた地理学習を否定するつもりはないが、地理教育の
多様化・デジタル化が進んだ今日こそ、地理教育の基本ともいうべき巡検学習
（広くはフィールドワーク）が<u>重要</u>なのではないだろうか。④本研究では、巡
検学習論の活性化に向けて学習指導要領についていくつかの提案を行った。こ
れらの提案が実現できるように今後努力していきたい。

付記
　本章は、今井英文「全国地理教育学会における巡検学習論の展開と課題」. 地理教
育研究第 31 号（2022 年 11 月）を大幅に加筆修正したものである。

注
1）以後、全国地理教育学会は、略称：全地教と称することにする。
2）以後、この本は『巡検学習の単行本』と略すことにする。なお、文章の内容によっ
　　ては、正式な書名を示すこともある。
3）後述するが、地理教育基礎巡検とは、学校教育において行われる「地理教育巡検」

をより効果的に実施できるようにするための基礎的研究のことである。

4）学会ホームページは、http://www.jageoedu.jp/ である。

文献

今井英文（2014）：高等学校「地理A」におけるワンポイント巡検の実践と評価．地理教育研究 14 号、pp.10-18.

清水大介（2019a）：中学校「総合的な学習の時間」を活用したワンポイント巡検の実践と評価－校外学習との関連を意識して－．地理教育研究、24、pp.21-30.

清水大介（2019b）：校外学習の関連性を意識した中学校「社会科見学」の実践と評価－ワンポイント巡検との関連を意識して－．地理教育研究、25、pp.21-31.

中牧　崇（2018）：『大学・地理教育巡検の創造』古今書院、187p.

松岡路秀ほか編（2012）：『巡検学習・フィールドワーク学習の理論と実践－地理教育におけるワンポイント巡検のすすめ－』古今書院、279p.

山口幸男ほか編（2016)：『地理教育研究の新展開』古今書院、276p.

参考資料

『地理教育研究』掲載の巡検学習に関する論考

井上貴司「高等学校の部活動（地歴部）における環境学習の取り組み－フィールドワークを中心とした事例－」地理教育研究 3 号、pp.71-75, 2009.3.

今井英文「高等学校「地理 A」における野外観察の実践－野外学習活性化に向けての試論」地理教育研究 1 号、pp.36-41, 2008.3.

今井英文「高等学校「地理 A」における野外観察の実践－岡山市表町商店街を事例に－」地理教育研究 3 号、pp.66-70, 2009.3.

今井英文「新学習指導要領と地域調査の指導－高等学校を事例に－」地理教育研究 4 号、pp.14-15, 2009.7.

今井英文「学習指導要領におけるフィールドワーク学習の扱いの変遷－高等学校と中学校の場合－」地理教育研究 7 号、pp.8-14, 2010.10.

今井英文「高等学校「地理 A」におけるワンポイント巡検の実践と評価」地理教育研究 14 号、pp.10-18, 2014.3.

今井英文「新学習指導要領におけるフィールドワークの活性化について－ワンポイント巡検を中心に－」地理教育研究 21 号、pp.23-24, 2017.10.

今井英文・神田竜也「高等学校「地理 A」におけるウォークラリー巡検の実践的研究－岡山市中心部における防災をテーマに－」地理教育研究 23 号、pp.11-18, 2018.10.

岡本　実「高校地理におけるワンポイント巡検の授業実践研究－岡山市街地での事例－」地理教育研究 19 号、pp.38-43, 2016.10.

今野実土里「ワンポイント巡検を取り入れた高等学校地理 A の授業実践－中学校社会科の「学び直し」を軸として－」地理教育研究 15 号、pp.28-31, 2014.10.

清水大介「中学校「総合的な学習の時間」を活用したワンポイント巡検の実践と評価－校外学習との関連を意識して－」地理教育研究 24 号、pp.21-30, 2019.3.

清水大介「校外学習の関連性を意識した中学校「社会科見学」の実践と評価－ワン

　　ポイント巡検との関連を意識して－」地理教育研究 25 号、pp.21-31, 2019.10.

高橋洋明「身近な地域における地理教育巡検－東京都板橋区成増・赤塚界隈を事例
　　として－」地理教育研究 2 号、pp.45-49, 2008.11.

多田統一「東京都北区王子・西ヶ原周辺における地理教育巡検の実施と課題」地理
　　教育研究 6 号、pp.48-55, 2010.3.

辰己　勝「大学での自然地理教育の実践－教職課程における自然地理学の授業と身
　　近な地域の調査を中心として－」地理教育研究 11 号、pp.1-9, 2012.10.

椿　実土里「身近な地域への巡検を取り入れた地理総合に関する実践の研究－北海
　　道恵庭市付近を題材として－」地理教育研究 30 号、pp.65-69, 2022. 3.

中里裕昭・松岡路秀「中学校「身近な地域」におけるワンポイント巡検の実践的考察
　　－神奈川県大和市立渋谷中学校周辺を事例として－」地理教育研究 8 号、pp.18-
　　24, 2011.3.

永田成文「社会参画の視点からみた中学校「身近な地域の調査」の検討」地理教育
　　研究 4 号、pp.5-6, 2009.7.

中牧　崇「身近な地域における地理教育巡検－東京都文京区本郷界隈を事例として
　　－」地理教育研究 1 号、pp.79-85,2008.3.

中牧　崇「大学周辺における地理教育巡検の実践と課題－教職科目「地理学」を事
　　例として－」地理教育研究 7 号、pp.45-53, 2010.10.

中牧　崇「大学における地理教育巡検の実践と課題－非教員養成系大学を中心とし
　　て－」地理教育研究 11 号、pp.66-74,2012.10.

中牧　崇「地理教育基礎巡検の実践と地域的特色の理解－東京都文京区南西部・豊
　　島区南部を中心として－」地理教育研究 11 号、pp.72-78, 2012.10.

中牧　崇「大学の地理教育におけるワンポイント的巡検の実践的考察－教職科目「地
　　理学」の場合－」地理教育研究 13 号、pp.27-34, 2012.10.

中牧　崇「高等学校新学習指導要領「地理総合」における巡検の課題」地理教育研
　　究 24 号、pp.73-75, 2019.3.

八田二三一「中学校の「総合的な学習」を生かした地理巡検の実施」地理教育研究 1
　　号、pp.9-17, 2008.3.

深見　聡「大学生の体験型フィールド学習と地理教育－長崎大学環境科学部「地域
　　力再生プロジェクト」の事例から－」地理教育研究 7 号、pp.14-22, 2010.10.

松岡路秀「中学校「身近な地域」での校区探検を指導するための地理教育巡検－神

奈川県大和市つきみ野中学校区を事例として－」地理教育研究 3 号、pp.51-58, 2009.3.

松岡路秀「地理教育における巡検学習論の構築とワンポイント巡検の提唱」地理教育研究 7 号、pp.1-7, 2010.10.

宮本静子「「身近な地域」における野外調査の課題」地理教育研究 1 号、pp.90-94, 2008.3.

宮本静子「社会参画の視点を育む身近な地域の調査－東日本大震災後の閖上中学校の例を通して－」地理教育研究 14 号、pp.64-68, 2014.3.

柳沢啓重「「谷中・千駄木・根津界隈」における地理教育巡検報告－ワンポイント巡検に関する若干の考察を加えて－」地理教育研究 7 号、pp.54-59, 2010.10.

山内洋美「フィールドワークで平野の地形を学ぶ高校地理の実践－地形図の読図を容易にし、人間生活を読み解くための試み－」地理教育研究 3 号、pp.59-65, 2009.3.

山内洋美「高校地理における平野の微地形を読み取るためのフィールドワークの実践」地理教育研究 7 号、pp.24-29,2010.10.

山内洋美「高校地理におけるフィールドワークの実践と課題－東日本大震災の被害状況をふまえて－」地理教育研究 14 号、pp.44-51, 2014.3.

山本　實「杉並区今川・荻窪地域をフィールドとした地理教育巡検に関する考察－中学校地理的分野におけるワンポイント巡検のプランの例示－」地理教育研究 8 号、pp.59-64,2011.3.

山本　實「「地理総合」における地歴連携授業の開発－地域調査の学習における事例－」地理教育研究 24 号、pp.31-40, 2019.3.

横山　満「地理教育巡検の実施に基づいた身近な地域の巡検学習に関する考察－東京都清瀬市をフィールドとして－」地理教育研究 5 号、pp.39-44, 2009.10.

横山　満「中学校地理的分野における身近な地域の巡検学習に関する考察－東京都清瀬市をフィールドにした複数のコース等の設定のあり方－」地理教育研究 7 号、pp.30-37,2010.10.

あとがき

　本書は、ウォークラリー巡検という地理学習における新しい巡検学習方式をわが国ではじめて提唱し、その実践について考察することによって、ウォークラリー巡検の意義、および実施方法などを明らかにしたものである。ウォークラリー巡検は、教師引率型の巡検に比べて教師の負担が少なく、比較的実践しやすいというのが最大の特質であり、また、生徒が主体的・能動的に取り組むことができるという特質もある。本研究では、このようなウォークラリー巡検の特質を、4つの実践事例の考察によって検証・確認することができた。その際、生徒の反応についての分析を重視したのも本研究の特徴の1つである。これらにより、ウォークラリー巡検は、巡検学習があまり実施されていないというわが国の地理教育の現状の中で、多少なりとも巡検学習の活性化に寄与できるものと思われる。また、巡検学習の評価論について一歩前進させることができた。この点も本研究の成果である。

　一方、いくつかの課題・問題点も確認できた。以前、実践事例をある学会で発表した際に、内容的に高校生レベルではないとの指摘を受けたことがある。確かに教師主導の巡検に比べ、内容的な深まりは十分ではないかもしれない。しかし、ウォークラリー巡検の最大の意義は、教師が比較的手軽に巡検を実施できるところであり、このことを優先することが重要であると考えたのである。ただし、ウォークラリー巡検でも、設問内容を改善するとによって、理解の深まりをもたらすことは可能であり、今後、改善を加えていきたい。

　また、本実践の高校は1単位時間100分であったため、時間的に余裕を持ってウォークラリー巡検を実施することができたが、一般の1単位時間は50分なので、本実践のようなウォークラリー巡検は難しい。そこで、50分で

も実施できるような方法を開発していくことも必要である。今後の課題としたい。

　本書を作成するにあたり、群馬大学名誉教授の山口幸男先生には懇切丁寧なご指導を賜った。心から感謝の気持ちを表したい。先生が立ち上げられた全国地理教育学会に参加したことで、先生とお目にかかることができた。学会創立期には学会内に「地理教育巡検研究委員会」が設置され、筆者も末席に加えていただいた。この委員会で学んだ理論や実践事例は、巡検の教育・研究を進める上で大きな財産になっている。また、先生には、何度にもわたって、投稿予定の原稿や発表要旨について貴重なご助言をいただいた。先生との交流を通じて、学問・教育の楽しさと厳しさ、教育者・研究者としての生き方まで学ばせていただいた。

　戸所　隆先生（現・高崎経済大学名誉教授）には立命館大学在学中、フィールドワークの基礎を丁寧に教えていただいた。特に1回生の新入生研修で京都市の高層建築物や商店街を観察したことが印象に残っている。本書の実践地域は学校の所在地との関連で都市部となったが、高層マンションや中心商店街に着目したのは、先生の影響があるものといえる。

　また、柳井雅也先生（現・東北学院大学教授）には岡山大学大学院進学以来、公私ともにたいへんお世話になった。柳井先生は岡山大学文学部の授業で、経済地理学に関する濃密な文献購読に加えて、積極的に巡検学習を取り入れられていた。岡山市内の商店街での半日巡検、瀬戸内海にうかぶ直島での1泊2日の巡検などでお手伝いをさせていただき、それらを通して巡検のノウハウを身につけることができた。最も強く印象に残っているのは、韓国巡検である。帰りのフェリーの中で日本に短期留学する韓国人大学生の一行と知り合い、それを通じて、アジア地誌や国際交流の面白さに目覚めた。本書ではこれらを取り上げることはできなかったが、いつかまとめてみたいと考えている。

　このほか、お一人お一人お名前を記すことはできないが、お世話になった多くの先生方にもお礼を申し上げたい。

　本書は、岡山市立岡山後楽館高等学校で実践した巡検学習をまとめたもので

ある。同校の先生方には巡検学習や筆者の研究活動に対してあたたかいご理解をいただいてきた。同校の先生方にも厚く御礼申し上げたい。また、「はしがき」でも書いたが、ウォークラリー巡検は、教え子のアイデアをもとに考案したものである。同校の好奇心旺盛で素直な生徒に恵まれたことは、教育・研究を進める上でたいへんありがたいことであった。

　最後に、学問や教育の大切さを幼児期から語り聞かせてくれた今はなき祖母、学問に対する多大な経済的な援助を惜しまず、自由に研究することを許してくれた両親にも心からお礼を申し上げたい。

2022 年 10 月

今井英文

著 者 略 歴

今井 英文（いまい　ひでふみ）

1969 年広島市生まれ。立命館大学文学部地理学科卒業、岡山大学大学院文化
科学研究科博士課程単位取得退学。岡山市立岡山後楽館高等学校非常勤講師を
経て、現在山陽学園大学非常勤講師、岡山商科大学非常勤講師。専門は地理教
育学・社会科教育学。主著『巡検学習・フィールドワーク学習の理論と実践－
地理教育におけるワンポイント巡検のすすめ－』（共編、古今書院、2012 年）、『地
理教育・社会科教育の理論と実践』（執筆分担、古今書院、2012 年）、『地理教
育研究の新展開』（共編、古今書院、2016 年）。

書　名	**ウォークラリー巡検** －生徒主体の巡検学習－
コード	ISBN978-4-7722-2032-3 C3037
発行日	2023 年 3 月 1 日　初版第 1 刷発行
著　者	今井英文 Copyright ©2023 Hidefumi IMAI
発行者	株式会社古今書院　橋本寿資
印刷所	株式会社太平印刷社
発行所	株式会社古今書院 〒 113-0021　東京都文京区本駒込 5-16-3
電　話	03-5834-2874
ＦＡＸ	03-5834-2875
振　替	00100-8-35340
ホームページ	http://www.kokon.co.jp/
	検印省略・Printed in Japan